中国铁建股份有限公司企业标准

# 全断面岩石掘进机法铁路隧道
# 工程地质勘察技术规程

## Code for Geology Investigation in Railway Tunnels Using Full Face Rock Tunnel Boring Machines

## Q/CRCC 12101—2024

主编单位：中铁第一勘察设计院集团有限公司
　　　　　中铁十八局集团有限公司
　　　　　中铁十九局集团有限公司
批准单位：中国铁建股份有限公司
施行日期：2025 年 5 月 1 日

人民交通出版社
2025 · 北京

**图书在版编目（CIP）数据**

全断面岩石掘进机法铁路隧道工程地质勘察技术规程／
中铁第一勘察设计院集团有限公司，中铁十八局集团有限
公司，中铁十九局集团有限公司主编. — 北京：人民交
通出版社股份有限公司，2025.3. — ISBN 978-7-114
-20311-4

Ⅰ. U459.1-65

中国国家版本馆 CIP 数据核字第 20259XJ892 号

标准类型：中国铁建股份有限公司企业标准
标准名称：**全断面岩石掘进机法铁路隧道工程地质勘察技术规程**
标准编号：Q/CRCC 12101—2024
主编单位：中铁第一勘察设计院集团有限公司
　　　　　中铁十八局集团有限公司
　　　　　中铁十九局集团有限公司
责任编辑：曲　乐　贾　萱
责任校对：龙　雪
责任印制：张　凯
出版发行：人民交通出版社
地　　址：(100011)北京市朝阳区安定门外外馆斜街 3 号
网　　址：http://www.ccpcl.com.cn
销售电话：(010)85285857
总 经 销：人民交通出版社发行部
经　　销：各地新华书店
印　　刷：北京武英文博科技有限公司
开　　本：880×1230　1/16
印　　张：4.75
字　　数：98 千
版　　次：2025 年 3 月　第 1 版
印　　次：2025 年 3 月　第 1 次印刷
书　　号：ISBN 978-7-114-20311-4
定　　价：42.00 元

(有印刷、装订质量问题的图书,由本社负责调换)

# 中国铁建股份有限公司文件

中国铁建科数〔2024〕168 号

## 关于发布《垦造水田技术标准》等 9 项
## 中国铁建企业技术标准的通知

所属各二级单位，各区域总部，各直管项目部：

现批准发布《垦造水田技术标准》（Q/CRCC 92301—2024）、《绿色与智慧矿山建设技术规程》（Q/CRCC 72301—2024）、《山地轨道交通齿轨道岔制造技术条件》（Q/CRCC 33308—2024）、《交通工程绿色施工与评价标准》（Q/CRCC 23501—2024）、《全断面岩石掘进机法铁路隧道工程地质勘察技术规程》（Q/CRCC 12101—2024）、《既有铁路换梁施工技术规程》（Q/CRCC 13205—2024）、《隧道施工近景摄影测量技术规程》（Q/CRCC 12504—2024）、《邻近铁路营业线工程智慧监测技术规程》（Q/CRCC 12503—2024）、《铁路工程测量北斗地基增强系统建设与应用规程》（Q/CRCC 12502—2024），自 2025 年 5 月 1 日起实施。

以上标准由人民交通出版社股份有限公司出版发行。

中国铁建股份有限公司
2024 年 12 月 11 日

---

中国铁建股份有限公司办公室（党委办公室）　　　　2024 年 12 月 11 日印发

# 前　言

本规程根据中国铁建股份有限公司《关于印发 2023 年中国铁建企业技术标准编制计划的通知》（中国铁建科创〔2023〕27 号）文件要求，由中铁第一勘察设计院集团有限公司、中铁十八局集团有限公司、中铁十九局集团有限公司编制完成。

本规程编制过程中，编制组深入开展调查研究，系统总结科研成果和工程实践经验，并与相关标准协调。在此基础上，广泛征求有关单位及专家意见，经反复讨论修改后，最终由中国铁建股份有限公司科技创新与数字化部审查定稿。

本规程共分 9 章和 7 个附录，主要内容包括：1 总则；2 术语和符号；3 基本规定；4 遥感解译与地质调绘；5 勘探；6 测试与试验；7 工程地质条件适宜性评价；8 资料编制；9 超前地质预报；附录 A 破碎带掘进机适应性评价表；附录 B 软岩大变形段掘进机适应性评价表；附录 C 岩爆段掘进机适应性评价表；附录 D 岩溶段掘进机适应性评价表；附录 E 突涌水段掘进机适应性评价表；附录 F 掘进机工作条件分级表；附录 G 全断面岩石掘进机地质素描记录卡片。

本规程由中铁第一勘察设计院集团有限公司负责解释，中国铁建股份有限公司科技创新与数字化部负责管理。本规程系首次编制，在执行本规程的过程中，希望各单位结合工程实践，认真总结经验，积累资料。规程执行过程中如有意见或建议，请寄送中铁第一勘察设计院集团有限公司（地址：陕西省西安市西影路 2 号；邮编：710043），以供今后修订时参考，并抄送中国铁建股份有限公司科技创新与数字化部（地址：北京市海淀区复兴路 40 号中国铁建大厦 A 座；邮编：100855）。

主 编 单 位：中铁第一勘察设计院集团有限公司
　　　　　　　中铁十八局集团有限公司
　　　　　　　中铁十九局集团有限公司
主要起草人员：杜世回　张文忠　付　伟　李玉波　苗晓岐　李立民　常帅鹏
　　　　　　　黄江帆　李庆斌　王　旭　陈兴强　高　斌　廖建炜　张兴春
　　　　　　　王宝友　周　波　王　骏　张冲冲　管振祥　彭海宇

主要审查人员：李光伟　王永国　顾湘生　李　响　肖道坦　张广泽　文建军
　　　　　　　郑　俊　李凤伟　冯　威　王立新　王　骏　于长彬　黄　欣
　　　　　　　晏建伟　尚尔海　管振祥　刘国强

# 目　次

# Contents

# 1 总则

**1.0.1** 为贯彻国家有关技术经济政策，统一全断面岩石掘进机法铁路隧道工程地质勘察及超前地质预报技术要求，制定本规程。

**1.0.2** 本规程适用于全断面岩石掘进机法铁路隧道工程地质勘察与超前地质预报工作。

**1.0.3** 地质条件适宜的长及特长隧道，应结合设计需要开展隧道钻爆法与掘进机法施工方案比选。

**条文说明**

根据现行《铁路隧道设计规范》（TB 10003）规定，长度在 3～10km 的隧道为长隧道，大于 10km 的隧道为特长隧道，本规程长及特长隧道划分标准与其保持一致。

**1.0.4** 全断面岩石掘进机法铁路隧道工程地质勘察应积极采用天空地综合勘察技术和综合分析方法。

**1.0.5** 全断面岩石掘进机法铁路隧道工程地质勘察工作应遵守相关环境保护、水土保持及安全生产方面的法律、法规。

**1.0.6** 全断面岩石掘进机法铁路隧道工程地质勘察及超前地质预报，应积极采用新技术、新设备、新方法和新工艺。

**1.0.7** 全断面岩石掘进机法铁路隧道工程地质勘察工作除应符合本规程要求外，尚应符合国家现行标准和中国铁建股份有限公司现行有关企业技术标准的规定。

# 2 术语和符号

## 2.1 术语

**2.1.1** 全断面岩石隧道掘进机 full face rock tunnel boring machine

具有掘进、出渣、导向、支护四大基本功能，通过旋转刀盘并推进使滚刀挤压破碎岩石，实现隧道断面一次成型的机械设备。

**条文说明**

全断面岩石隧道掘进机又称硬岩隧道掘进机，简称 TBM，包括敞开式 TBM 和护盾式 TBM（单护盾式 TBM 及双护盾式 TBM），分别适用于不同的地质条件。其中敞开式 TBM 适用于较硬岩、硬岩地层，在围岩稳定、岩质坚硬地层中掘进速度较快，当隧道遇到不稳定地层时，可利用附带的辅助设备通过增加初期支护如增设锚杆、增加钢筋、喷射混凝土、架设钢拱架等方式予以加固，当遭遇断层破碎带等不良地质体时，可采用自带的超前钻机结合灌浆设备予以超前加固，施工灵活性相对较好；护盾式 TBM 主要用于软弱围岩、地质条件较差及硬岩隧道，施工中人员设备相对安全。

**2.1.2** 全断面岩石掘进机法 full face rock tunnel boring machine method

采用全断面岩石隧道掘进机切削破岩，开凿岩石隧道的施工方法。

**2.1.3** 掘进机工作地质条件 geological conditions for tunnel boring machine operation

根据岩石坚硬程度、岩石磨蚀性、岩体完整性等因素，综合评价不同围岩条件下掘进机施工的难易程度。

**条文说明**

掘进机工作条件包括受隧道地质条件限制的客观因素，同时也受设备选型、施工组织与管理水平等限制的各种内外部因素，而本规程特指地质条件。

**2.1.4** 岩石磨蚀性 rock abrasiveness

岩石对隧道掘进机刀盘和刀具等破岩工具产生磨蚀作用的性质。

**2.1.5 磨蚀指数（CAI） cerchar abrasivity index**

反映岩石对隧道掘进机刀盘和刀具等破岩工具磨损的重要指数，是岩石磨蚀性高低的重要指标。

**条文说明**

该指标主要与石英含量相关，一般而言，当石英含量越大时其 CAI 值越大，反之越小，但单纯采用等效石英含量的岩石硬度指标作为磨蚀性指标是不适宜的，因为除了岩石的矿物成分及硬度外，岩石的结构构造等特征都会对岩石磨损产生影响。国内外包括 Cerchar、LCPC 及 NTNU/SINTEF 系列试验均可实现其测定，但目前国内采用较多的依然是 Cerchar 方法，本规程仍推荐 Cerchar 方法，且和现行《铁路工程岩石试验规程》（TB 10115）所采用方法保持一致。

**2.1.6 隧道不良地质 adverse geological conditions in tunneling**

隧道施工中遇到的构造破碎带、蚀变带、不整合接触带、岩溶及岩溶水、高地应力、高地温、有害气体等各类地质问题。

构造破碎带是指由断层或节理（裂隙）密集带所造成的岩石强烈破碎的地段。前者又称为断层破碎带。破碎带的宽度有几米至上百米，甚至几千米，长度可为数十米乃至数百千米。按其形成时的受力状况，可分为压性、扭性和张性及几种方式组合形成，其主要特征表现为岩体的破碎性和波动性，前者是普通的，后者则是部分的或个别的。

## 2.2 符号

$\rho$——岩石天然密度；

$\rho_s$——颗粒密度；

$\gamma$——岩体重力密度；

$\alpha$——凿碎比功；

CAI——磨蚀指数；

$\upsilon_p$——岩体纵波波速；

$R$——岩石单轴抗压强度；

$R_c$——岩石单轴饱和抗压强度；

$R_m$——岩体抗压强度；

$K_v$——岩体完整性指数；

$J_v$——岩体体积节理数。

# 3 基本规定

**3.0.1** 全断面岩石掘进机法铁路隧道工程地质勘察应按踏勘、初测、定测、补充定测及施工阶段由点到面、由浅入深开展，满足方案比选、工程设计及设备选型要求。

**3.0.2** 工程地质勘察应充分收集利用区域地质、既有工程勘察成果及类似地质条件掘进机法隧道施工资料。

**3.0.3** 工程地质勘察工作应根据勘察阶段、地质条件、场地地形、勘察手段的适宜性，采用天空地工程地质综合勘察方法，查明隧址区的工程地质条件。

**条文说明**

对采用掘进机施工的隧道工程，如图 3-1 所示，采用天空地综合勘察手段进行勘察，可以提高勘察效率，该方法是首先开展卫星遥感地质解译，获取区域地质信息，之后开展隧址区航空物探（图 3-2），进行隧址区三维地质解译，并同步开展地面物探，获取物探数据并进行地质解译；隧道洞口开展无人机三维倾斜摄影或无人机机载光学雷达（Light Detection and Ringing，LiDAR）遥感地质解译，获取隧道洞口地质信息；结合获取的地质信息，开展地质钻探，获取地质实物信息，并同时开展孔内测试及室内岩石试验。本方法满足了艰险复杂山区长大深埋隧道工程的勘察要求，工作效率和勘察精度得到有效提高，有效解决了因外部环境带来的勘察难题，在某高原铁路色季拉山隧道采用了天空地的综合勘察手段进行测试。

**3.0.4** 掘进机法铁路隧道应开展岩石强度、岩石磨蚀性、岩体完整性、地下水发育程度及隧道不良地质等勘察和评价工作。

**3.0.5** 掘进机法铁路隧道应结合地质复杂程度、不良地质发育特征，评价其适宜性，必要时开展专项地质勘察工作。

**条文说明**

掘进机法铁路隧道地质勘察精度的提高，能够有效降低掘进机卡机风险，提高施工效率。对于大规模富水断层破碎带、岩溶中等～强烈发育、强烈～极强岩爆、强烈～极强软岩大变形等不良地质段而言，掘进机施工地质适应性差，施工安全风险高，根据需要开展专项地质勘察工作。

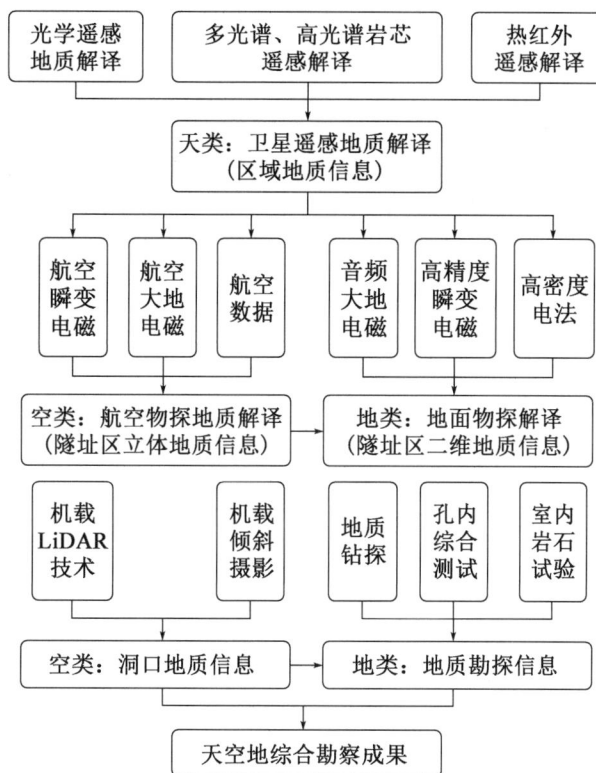

图 3-1 天空地综合勘察技术体系

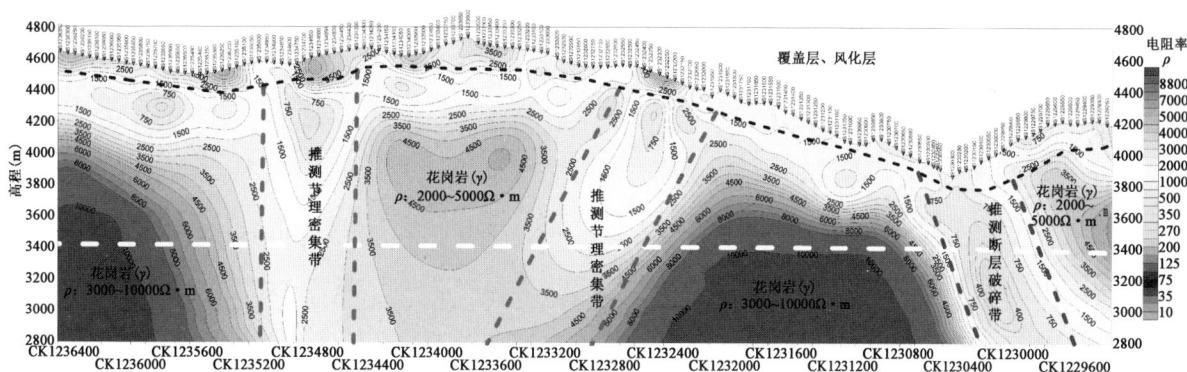

图 3-2 航空物探勘察技术应用成果

**3.0.6** 初测阶段应结合项目特点，初步评价掘进机法隧道施工的适宜性。

**条文说明**

一座隧道是否采用掘进机法施工，受投资、地形地质条件等多因素控制，在外部条件满足的条件下，需要对工期较长隧道进行钻爆法和掘进机法施工的经济技术比较，在踏勘及初测阶段进行初步勘察和评价，为项目决策提供初步地质依据。

**3.0.7** 定测阶段应开展掘进机法隧道地质勘察，详细评价掘进机法施工隧道工程地质条件的适宜性。

**条文说明**

定测阶段是在初测的基础上，结合掘进机法施工和对地质勘察的要求，详细查明隧道的工程地质、水文地质等条件，评价掘进机施工隧道工程地质条件的适宜性，提出掘进机法施工工程措施建议。

**3.0.8** 施工阶段应结合掘进机施工地质情况，必要时开展补充地质工作。

**3.0.9** TBM 宜采用搭载式超前地质预报设备，开展综合超前地质预报工作。

**条文说明**

TBM 施工隧道搭载式超前地质预报设备包括搭载式弹性波超前地质预报系统、TBM 破岩震源超前地质预报系统、搭载式激发极化超前地质预报系统及搭载式超前水平钻探系统。搭载式超前地质预报系统是 TBM 的组成部分，其主机、观测系统等占用空间需要在 TBM 设计时预留，预报采用动力系统与控制装置需集成于 TBM 系统。因此在 TBM 装备设计阶段统筹考虑超前地质预报系统搭载设计方案。搭载设计需注意以下几点：（1）不影响 TBM 结构强度；（2）搭载后使用过程中不影响 TBM 正常掘进，搭载配件牢固可靠、性能稳定，满足探测系统要求。

# 4 遥感解译与地质调绘

## 4.1 一般规定

**4.1.1** 全断面岩石掘进机法铁路隧道应开展遥感解译工作，遥感解译工作应在地质调绘前进行。

**4.1.2** 全断面岩石掘进机法铁路隧道应发挥遥感数据多平台、多波段、多时相优势，开展综合解译工作。

**条文说明**

在工程地质调绘中，采用遥感解译可以从区域环境上宏观把控隧址区的地质条件，避免遗漏重大不良地质问题，同时也是地表地质调绘的重要辅助手段，可以极大降低外业工作量，提高工作效率，避免地面地质调查工作的盲目性，提高调绘质量。随着地质勘察技术发展，无人机、干涉雷达（InSAR）、三维场景平台技术等在铁路工程地质勘察中的应用逐渐增多，特别是在大面积地质调绘中应用广泛，使调绘效率及准确率大大提高。航空物探技术的应用和发展，解决了复杂艰险山区人员和常规物探设备无法到达的问题。

真实感场景协同设计平台采用大范围高精度的真实感场景构建技术，将地形地貌和地质特征真实、清晰的反映至平台中，地质人员足不出户即可俯瞰整个工作区的三维地形，可辅助实现区域构造及表生地质灾害的快速判识。

**4.1.3** 工程地质调绘应收集既有区域地质、矿产地质、水文地质、气象、地质灾害及既有工程地质资料，结合遥感解译成果明确地质调绘重点。

**4.1.4** 工程地质调绘应采用远观近察、由点到面、点面结合的方式，对隧道有影响的不良地质及重要地质界线应扩大调绘范围。

**条文说明**

一般而言，掘进机施工隧道在整个项目勘察中占比较小，对于掘进机施工隧道的勘察需要明确地质调绘、勘探、现场及室内测试及试验等相关技术要求。

**4.1.5** 掘进机法铁路隧道多方案比选时，应开展大面积地质调绘。

**4.1.6** 掘进机法铁路隧道选址宜避免穿越隧道不良地质发育地段，无法绕避时应以最短距离通过。

条文说明

大量工程实例表明，掘进机施工产生的工程事故包括塌方、突水/气、卡机、管片破裂等问题，其中产生的主要原因为地质构造、岩性、地应力及地下水 4 类。因此，为了最大限度规避掘进机施工事故的发生，应对不良地质地段提前处理。

掘进机施工隧道地质选线原则包括：（1）地质体可钻性原则，岩体的抗压强度、耐磨性指标要适宜于掘进机施工；（2）围岩均一性原则，即围岩完整性大致相当，应避免出现时好时坏的情况；（3）开挖面和洞壁稳定性原则，当开挖面和洞壁围岩破碎或风化严重，会造成较大超挖，在这种情况下，由于塌落、聚集的石块作用可导致刀盘卡住或无法旋转等问题，此外，洞壁的不稳定也可能会导致撑靴定位困难；（4）不良地质体易处理原则，当勘察预测或施工揭示存在影响掘进机施工的不良地质体时，需提前进行预案设计，避免卡机、突水突泥等风险。

## 4.2 遥感解译

**4.2.1** 选择适宜的遥感数据，必要时开展多层次三维立体遥感解译。

条文说明

遥感数据的种类繁多，按工作平台可分为航天、航空和地面遥感数据，而工程地质遥感解译需根据勘察要求、地形及工程地质特征进行选择。主要利用遥感解译数据进行宏观地质背景、区域性地质构造和不良地质解译，并进行工程地质分区和地层岩性分组等工作。

**4.2.2** 工程地质遥感解译应按初步解译、外业调查验证、复核解译三个阶段进行。

**4.2.3** 解译前应充分收集遥感、地形及地质等相关资料，并进行数据质量分析。

**4.2.4** 工程地质遥感解译应包括下列内容：
1 地形地貌特征、植被发育情况。
2 地层岩性、地质界线和岩层产状。
3 褶皱、断层、大型构造节理及节理密集带等地质构造的位置、范围和延伸长度。
4 地震及活动断裂等构造形迹。

5　不良地质的类型、范围、成因、分布等特征。

6　特殊岩土的类型及分布范围。

**4.2.5**　水文地质遥感解译宜包括下列内容：

1　地表水系分布范围、形态及分类，发育特征，圈定古河道。

2　大型泉水点，泉群、地下水溢出带，地下水富水带，地下水的补、径、排特征。

3　温泉、地热采用热红外遥感解译成果绘制测区地表温度分布图，划分地热异常区。

4　溶蚀洼地、落水洞等地表岩溶发育特征，暗河进出口的出露位置，划分岩溶水文地质单元。

**条文说明**

水系的遥感解译需通过解译标志、地质特征解译和判断隧址区的水系类型。其中，水系类型包括树枝状水系、格状水系、角状水系、羽毛状水系、平行状水系、扇状水系、放射状水系等数十种。

**4.2.6**　踏勘阶段应结合区域地质资料，通过遥感解译了解隧址区的地形地貌、水系、岩性、地质构造、水文地质、不良地质与特殊岩土的类型和分布范围及区域环境地质等概况。

**4.2.7**　初测阶段遥感解译应利用多时相遥感数据，初步查明主要地质问题，结合地表调查、物探、勘探等成果资料，对遥感解译成果进行验证。

**4.2.8**　初测阶段遥感解译工作应包括下列内容：

1　根据勘察要求及目的，收集多平台、多波段、多时相遥感数据。

2　地貌形态、类型及地貌分区界线，地貌与地层、地质构造之间的关系；地貌的个体特征、组合关系及分布规律。

3　水系形态、密度及方向特征，冲沟形态，河流变迁及阶地分布情况和特点；水系发育特征与岩性、岩层产状及构造间关系；标出隧址区地表分水岭的位置。

4　进行岩性分组，估测岩层产状，解译标志层稳定的岩组，影响掘进机施工主体及附属工程的特殊岩土类型及分布范围。

5　褶皱类型、形态、长度和倾伏方向，断裂带的位置、走向、倾向、长度和宽度；长大节理或节理密集带的分布特征、延伸方向及交接关系。

6　不良地质的类型和分布范围、规模、成因、发展趋势及危害程度。

7　不良地质的解译还应包括井、泉或泉群的出露位置和范围，岩溶区岩溶漏斗、溶蚀洼地、落水洞的分布位置，以及岩溶水的补、径、排条件，并划分水文地质单元。

8　根据解译结果进行线路方案的工程地质条件评价。

**4.2.9** 定测阶段遥感解译工作应在初测阶段基础上进行补充遥感解译。

**条文说明**

对于铁路工程隧道的地质勘察来说，可研阶段需要开展大面积地质选线和施工工法的决策，因此大量的遥感解译工作应在初测阶段完成，在定测阶段仅针对方案变动地段开展必要的补充解译工作。

**4.2.10** 施工阶段必要时开展补充遥感解译工作。

**4.2.11** 应根据遥感解译结果开展外业调查验证和复核解译工作，通过物探、勘探等对解译成果进行验证。

**4.2.12** 工程地质遥感解译成果资料整理工作，应符合下列要求：

1 工程地质遥感解译应采用计算机辅助方法。

2 遥感解译应采用通过的地理信息系统（GIS）和遥感数据处理软件及可接受的格式，数据格式应符合相关技术标准。

3 遥感解译应编制遥感解译报告或说明，根据解译结果进行隧址区工程地质条件概略评价，并进行水文地质概略划分。

4 在踏勘阶段编制 1∶50000～1∶200000 工程地质遥感解译图，在初测、定测及补充定测阶段应编制 1∶10000～1∶50000 工程地质遥感解译图。

**条文说明**

在可行性研究选线阶段采用 1∶1000000 卫片原片，辅以 1∶500000～1∶100000 单波段卫星影像和 1∶200000 假彩色合成卫星影像进行大面积地质选线；初步设计阶段可根据需要补充多时相卫片和多片种航片。重大工程可选用 1∶50000 或 1∶100000 的卫片彩色影像进行遥感解译。

5 必要时制作遥感图像处理成果图、数字正射影像图等资料。

6 编制遥感解译水文地质成果资料。

**条文说明**

在编制遥感解译水文地质成果资料过程中，可与工程地质图件进行合编。

## 4.3 地质调绘

**4.3.1** 工程地质调绘应收集、分析勘察区的各种地质资料，利用遥感地质解译成果，结合工程设置，布置工程勘探、地质测试工作，为掘进机法铁路隧道工程设计提供地质资料。

**4.3.2** 地质调绘工作应按踏勘、初测、定测及补充定测分阶段开展。

**4.3.3** 掘进机法铁路隧道工程地质调绘主要内容包括：

1 地形地貌、成因、发育特征以及与岩性、构造等地质因素的关系，划分沿线地貌单元。

2 地层层序、成因、时代、厚度，岩石风化程度和风化层厚度。

3 岩层产状、接触关系、节理裂隙的发育程度；断裂、褶曲及节理密集带的位置、走向、产状等形态特征和力学性质；断裂破碎带的范围、富水性及新构造运动特征，断裂活动性和地震活动性关系等；蚀变岩带的分布范围、地貌形态及发育特征，蚀变岩分布区地热、泉及地下水发育特征，地表水径流的汇集与排泄条件；不整合接触带位置、产状及上下盘岩体完整程度及富水情况。

4 地下水露头位置、高程、水量、水温，地下水与地表水的关系等水文地质条件。

5 隧址区高地应力、高地温、采空、岩溶、有害气体等不良地质的类型、性质、范围、规模及其发生、发展和分布规律。

6 既有建筑物的使用情况，地质病害的分布范围、防治措施和效果。

**条文说明**

工程地质条件和水文地质条件包括隧道沿线地形地貌、地层岩性、地质构造、物理地质现象、水文地质条件、岩石（体）物理力学性质等。塌方、突水突泥、岩爆、软岩大变形等是影响 TBM 施工安全和效率的重大地质风险，此外，高磨蚀性或超硬岩、高地温、放射性元素和有害气体也是影响 TBM 施工和人身安全的重要因素，需要进行重点勘察。另外，深埋隧洞地质条件复杂，前期勘察难度大，且目前勘察手段难以完全查明其工程地质条件，但不应遗漏重要地质问题和地质现象。

**4.3.4** 踏勘阶段应结合区域资料，了解影响 TBM 施工的重大地质问题。

**4.3.5** 初测阶段应结合遥感解译开展外业地质调绘工作，初步查明影响方案决策的地层岩性、地质构造、不良地质及特殊岩土的分布范围。

**4.3.6** 初测阶段外业地质调绘内容及精度应符合下列要求：

1 初步查明隧址区地形地貌形态、成因、发育特征以及与岩性、构造等地质因素的关系，划分沿线地貌单元。

2 初步查明隧址区地层层序、成因、时代、厚度的划分，取代表性岩样开展掘进机施工磨蚀性等相关试验，每套地层取样应不少于 3 组；必要时开展外业重点露头地段实测地质剖面工作，结合地表地质调绘成果开展地表实测剖面测量工作，原则上每套地层应布置代表性实测地质剖面不少于 1 条，剖面长度应结合地层厚度进行确定。

3 初步查明隧址区岩层产状、节理裂隙发育程度及岩性接触关系，并绘制节理玫瑰花图；断裂、褶曲及节理密集带的位置、走向、产状等形态特征和力学性质；断裂破碎带的范围、富水性及新构造运动特征，断裂活动性和地震活动性的关系等；初步查明蚀变岩带的分布范围、发育特征、地热、泉及地下水发育特征；不整合接触带的位置、产状、形态及上下盘岩体完整程度及富水性。

**条文说明**

岩体结构面、岩层产状及其组合关系、发育程度会一定程度上影响隧道施工安全，尤其是 TBM 施工中，对敞开式 TBM 来说，容易产生边墙及拱部掉块，尽管从掘进机工作条件分级标准来看围岩应较完整，但一旦产生坍塌或掉块，将会极大地影响隧道掘进速度。国内专家袁宏利等进行了一定研究，发现节理发育程度影响下的 $K_v$ 值与 TBM 施工工作条件存在一定的对应关系，见表 4-1。

**表 4-1 $K_v$ 与 TBM 施工工作条件对应关系**

| $K_v$ | $0.35 \sim 0.75$ | $0.15 \sim 0.35$ 或 $0.75 \sim 0.85$ | $<0.15$ 或 $>0.85$ |
|---|---|---|---|
| TBM 施工工作条件 | 好 | 一般 | 差 |

此外，最早在意大利 3 个隧道的 733 个掌子面就结合岩体完整性进行了隧道围岩掘进速度的比较和分析，通过分析发现 TBM 工效与岩体单轴抗压强度之间存在强相关性，最好的工效表现为 40~70MPa，大致呈现向上凸起的趋势，详见图 4-1。

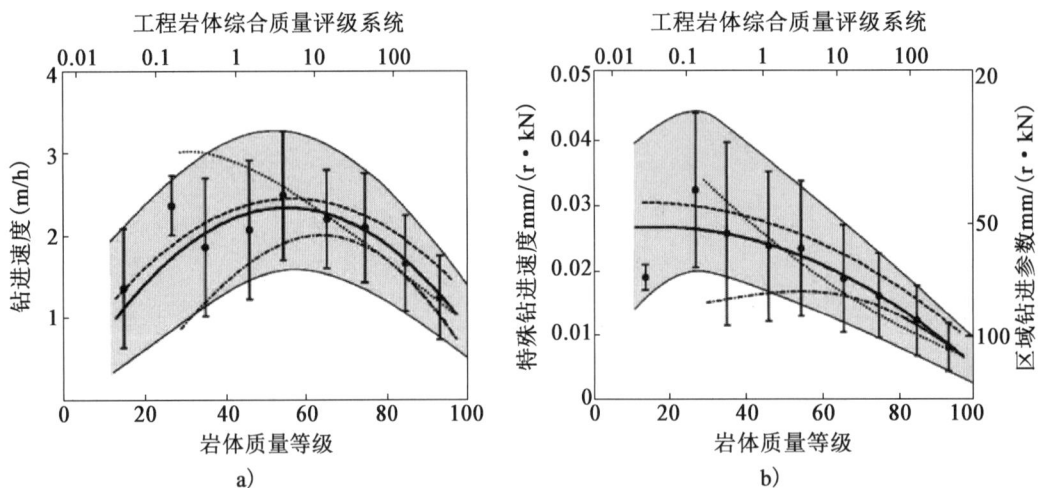

图 4-1 意大利 3 个隧道 TBM 钻进速度（PR）与岩体质量等级（RMR）之间的关系

4 初步查明隧址区地下水露头的位置、高程、水量、水温、侵蚀性、地下水与地表水的关系等水文地质条件。

5 初步查明隧址区的高地应力、高地温、采空区、岩溶、有害气体等不良地质的类型、性质、范围、规模及其发生、发展和分布规律。

6 初步查明隧址区既有建筑物的使用情况，地质病害发育情况，既有建筑物的防治措施和效果。

**4.3.7** 定测及补充定测阶段应充分利用初测成果资料，开展详细外业地质调绘工作，查明影响 TBM 施工的地层结构、区域构造、水文地质、不良地质及特殊岩土的分布范围。

**4.3.8** 定测及补充测阶段外业地质调绘内容及精度应符合下列要求：

1 查明隧址区地层结构，包括岩性分组、成因、时代、厚度特征，开展外业代表性岩样取样工作。

2 查明隧址区岩层产状、走向，重点调查岩体节理裂隙发育程度，分析评价岩体完整性，每套地层累计取样数量应不少于 6 组，当孔内取样数量不够时，应补取地表代表性岩样。

3 查明隧址区岩层及断层破碎带产状、走向和宽度，调查断层破碎带物质组成、富水性，岩体节理裂隙发育程度，分析评价不同地层岩体完整性；查明蚀变岩带的分布范围、发育特征，地热、泉发育及地下水发育特征；不整合接触带位置、产状、形态及上下盘岩体完整程度及富水情况。

4 查明隧址区水文地质条件，采用多种方法进行涌水量预测，确定地下水化学类型。

5 查明隧址区岩溶类型、发育程度，根据调查结果分析评价岩溶特征及对施工的影响。

6 查明隧址区高地应力、高地温、采空区、岩溶、有害气体等不良地质的类型、性质、范围、规模及其发生、发展和分布规律。

7 开展掘进机施工附属工程、临时场地及进场道路的外业地质调绘工作，根据调绘结果开展地质钻探工作，开展地表不良地质及特殊岩土的地质调绘工作。

**条文说明**

掘进机施工对隧址区及附属工程的地形地质条件有一定要求，若施工中遭遇较大规模不良地质，不仅工期难以保障，投资也难以控制，因此需要对机械设备运输、存放场地进行地质评价。

**4.3.9** 对影响掘进机施工的地层岩性调绘内容如下：

1 隧址区地层分布范围、层序、层厚、主要矿物成分；软弱夹层分布范围、厚度及产状等。

2 对影响掘进机施工和地质评价的地段，选择具有代表性地段开展实测地质剖面测量工作，开展地表露头岩体体积节理数量测，并制作节理玫瑰花图，详细划分主节理产状。

**4.3.10** 断层破碎带调绘应包括如下内容：

1 地形地貌特征，断层上下盘地层结构及岩层产状。

2 断层带物质组成、宽度、富水性及渗透性，开展地表断层破碎带追踪调查，沿断层破碎带应不少于 3 个地质点进行控制。

3 断层泉出露位置，断层与地表水体的连通情况、渗透性。

4 活动断裂的空间位置、活动性、活动参数。

**4.3.11** 岩溶调绘应包括如下内容：

1 可溶岩的地层时代、厚度、产状、岩性成分、结晶程度、单层厚度、所含杂质及溶蚀、风化程度。

2 可溶岩与非可溶岩的接触关系、分布特征，非可溶岩夹层的分布层位、岩性、厚度、透水性。

3 岩溶分布特征，溶洞层分布与河流阶地、剥夷面、新构造运动的关系。

4 跟岩溶相关的断裂、褶皱等构造特征及岩溶发育程度。

5 开展岩溶洞穴的调绘工作，包括溶洞、竖井、落水洞、塌陷坑等的形状、大小、位置、高程；岩溶泉、暗河水位、水量及动态变化情况。

6 开展岩溶水文地质调绘工作，包括岩溶水系统边界、范围，岩溶水文地质单元，岩溶储水层及富水程度；岩溶出水点；突水人工坑道或洞室；岩溶水补、径、排条件等。

**4.3.12** 高地应力调绘应包括如下内容：

1 高地应力区地形地貌、岩性特征。

2 区域构造展布特征及构造单元划分，新构造活动的痕迹及特征。

3 隧道通过区岩体结构面特征及组合关系，重点调查不同地貌单元岩体主结构面产状及组合关系。

4 划分隧道可能产生岩爆、软岩变形段落及等级。

**4.3.13** 高地温调绘应包括如下内容：

1 高地温区域地形地貌、气象、水文特征。

2 隧址区地层岩性、地质构造及其演化、新构造运动、地震、岩浆（火山）活动情况与地热显示、地热异常的关系。

3 水文地质条件，包括地下热水的补、径、排条件和规律，地下热水的动态及其与一般地下水的关系等。

4 地表温泉的出露位置、温度特征，岩石水热蚀变和热水矿物质的沉积特征。

5 高地温地区的热储、盖层、导水和控热构造。

6 划分隧道可能产生高地温的段落及地温带分级。

**4.3.14** 有害气体调绘应包括如下内容：

1 结合既有煤矿（井）和类似工程调查，调绘煤层时代、产状、厚度、分布、物理性质、工业成分、含气性、自燃及煤尘爆炸性等。

2 形成有害气体的地质构造，煤层所处构造的位置，特别是储集气体的圈闭构造。

3 有害气体生成、聚集及盖层的地质条件，分析判断影响瓦斯运移、排放和储存的地质因素。

**4.3.15** 蚀变岩调绘应包括如下内容：

1 蚀变岩可能分布区活动构造特征、侵入岩体的接触关系。

2 蚀变岩带的分布范围、地貌形态特征及发育特征。

3 蚀变岩分布区地热、泉发育特征，地下水发育特征，地表水径流、汇集与排泄条件。

4 评价蚀变程度，并分析对掘进机施工的影响程度。

**条文说明**

蚀变岩是高温流体作用下经物理与化学变化引起围岩化学成分和结构构造改变后的岩体，具有强度低、易崩解、完整性差等特点。近几年在掘进机施工中，因蚀变岩造成卡机事件发生频率较高，进而影响工期，因此在勘察中应重视蚀变岩的勘察。

**4.3.16** 水文地质调绘工作应包括下列内容：

1 地下水类型、分布、补径排条件和水化学特征。

2 含水层、储水构造分布、规模和富水程度。

3 围岩渗透性、强透水带的分布和规模。

4 划分水文地质单元，估算隧道涌水量。

5 应进行钻孔抽水试验或压（注）水试验，岩溶发育洞段宜进行连通试验。

6 开展地表泉、井及沟谷内地表水量量测工作，并取地表水样进行水质分析。

7 划分水文地质单元类型及复杂程度。

**4.3.17** 进场道路、组装场地等大型临时工程地质调绘应包括下列内容：

1 进场道路沿线及组装场地的滑坡、危岩落石等不良地质的类型、性质、范围、规模及其发生、发展和分布规律，评价稳定性及其危害性。

2 影响设备运输、存放的道路地质条件。

3 组装场地的地质条件。

**4.3.18** 地质调绘应结合地层岩性开展现场采样工作，采样应满足下列要求：

1 初测阶段结合钻孔取样情况，可在地表补充选取隧址区穿越的地层岩块开展掘进机适宜性室内试验，应选取较为新鲜、裂隙不发育、锤击不碎不裂的岩块，定测阶段取样原则上在钻孔内进行，每套地层每项试验取样不少于 6 组，以满足掘进机适宜性评价。

2　试验内容应包括矿物成分、石英含量、物理性质、抗压强度、抗拉强度、弹性模量、膨胀性、磨蚀性、可钻性等。

**条文说明**

　　根据地面调绘结果，选取地表具有代表性试样进行室内试验，可以有效查明隧址区不同地层的物理力学性质，在初测阶段由于勘探孔数量相对较少，地表样品的成果可为可研阶段掘进机设备选型和方案设计提供重要依据。

# 5 勘探

## 5.1 一般规定

**5.1.1** 勘探工作应在工程地质调绘的基础上进行，采用物探、钻探、槽探、硐探等综合手段。

**5.1.2** 采用的勘探方法及勘探工作量应根据现场地形地质条件确定，以满足评价TBM 适宜性和设备选型等要求。

**5.1.3** 地面物探实施难度大，地形地质条件复杂地段，可开展航空物探工作。

**条文说明**

航空物探是地球物理勘探技术与航空技术相结合，利用航空航天飞行器搭载地球物理探测仪在空中进行地球物理信息采集，继而获取重力场、磁场、放射性场及电磁场的一种手段，具体包括四种方法，分别为航空重力测量，航空磁法测量、航空放射性测量及航空电磁法测量。在色季拉山隧道中采用航空物探遥感解译工作，如图 5-1 所示。

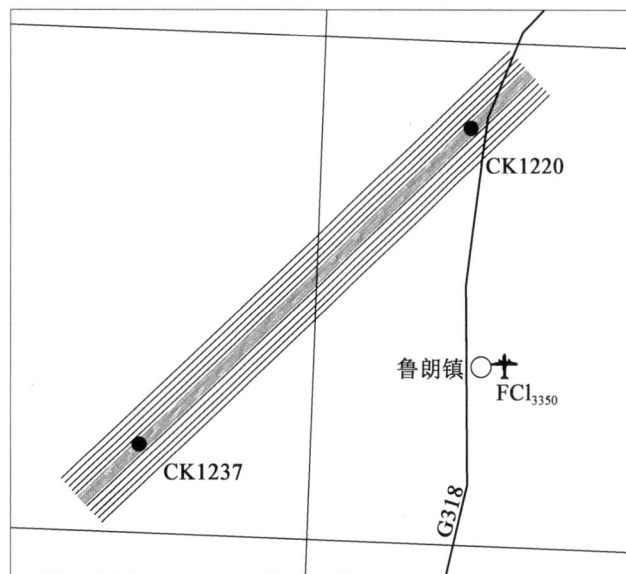

图 5-1 色季拉山隧道航空物探测线布置图

　　根据测试结果结合地面物探进行了数据处理、资料分析及图件编制，并将航空电磁反演成果同地面电磁法测量成果进行了对比分析（图5-2），测试发现因隧道埋深太大，航空电磁法探测要满足三维反演深度达到洞身深度范围要求，则测线布置横向控制宽度（两条最边缘测线间距）至少为2km，测线布置宜采用不等间距方式（由铁路中线向两端测线间距逐渐变大）。此外，航空大地电磁三维反演电阻率与地面电磁反演电阻率面貌大体一致，细节存在差异，地面电磁测量结果分辨率较高，航空电磁测量可达到快速查明沿线构造等地质情况的目的；试验区地面物探音频大地电磁法（AMT）电阻率细部清晰，精度相对较高，航空物探宏观趋势一致，但细部电阻率相对较模糊，精度相对较低。局部差异主要受地形、飞行高度影响，观测数据质量存在问题。从成果资料对比分析，航空物探可对主要岩性界线、断层破碎带、富水带进行探测，成果资料吻合较好，基本满足长大深埋隧道的勘探要求，适用于物探人员无法攀越的高寒艰险山区。

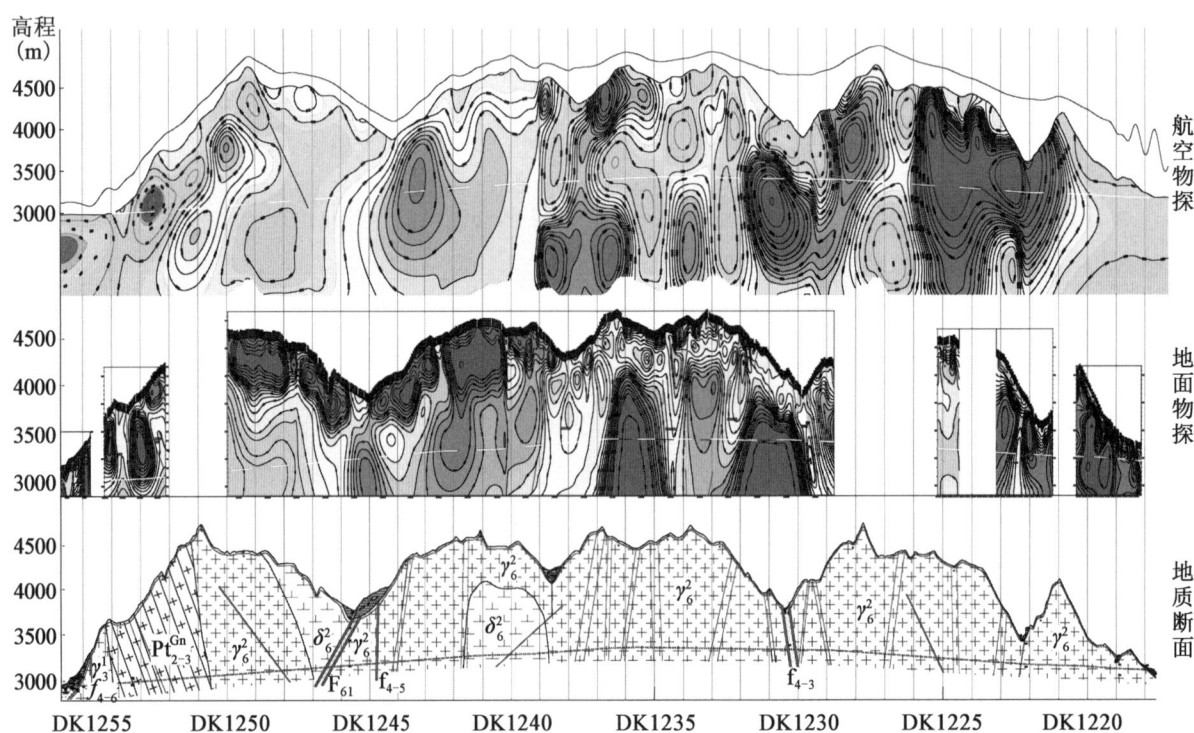

图5-2　试验区铁路中线航空物探与地面反演断面对比综合信息图

**5.1.4**　工程地质勘探应以查明岩石强度、岩石磨蚀性、岩体完整性、地下水发育程度等为原则，并分阶段实施。

## 5.2　物探

**5.2.1**　地质勘察中应采用综合物探技术，包括直流电法、电磁法、地震波法、磁法、重力法、放射性探测、测井等方法，在现场测试过程中应采用一种或多种手段相结合的综合物探手段进行实施。

**条文说明**

　　勘探工作是工程地质勘察工作的基本手段，勘探的布置需要在分析研究区域地质资料和调绘的基础上进行，且需要有一定的针对性。

**5.2.2**　在开展全断面岩石掘进机法铁路隧道勘察中应结合隧道埋深、地形地质条件选用直流电法、电磁法、地震波法、磁法等探查隧道地层结构、地层界线、地质构造、不良地质、特殊岩土等地质特征。

**条文说明**

　　全断面岩石掘进机法铁路隧道勘察中一般采用的探测方法如下：

　　（1）采用电磁法探查深部岩溶、洞穴、断层、采空区等地质特征。

　　（2）采用重力法探查隐伏断裂、岩浆体、岩性分界线、采空区、空洞、古墓等。

　　（3）采用伽马射线探测仪开展隧道场区放射性探测工作。

　　（4）对水域地段宜选用声纳法、水域地震反射法、水域直流电法、水域电磁法等探查地层结构、地质构造、岩溶特征、沉积物类型等。

　　（5）航空物探宜应用于高海拔、大高差、地形困难、埋深较大隧道地质勘察工作，用于探查区域构造、大型不良地质体、岩性分界线等。

**5.2.3**　物探用于全断面岩石掘进机法铁路隧道勘察时应符合下列技术要求：

　　1　应根据测区地形、地质及地球物理条件开展物探工作。

　　2　物探测试工作宜沿隧道洞轴贯通布设，必要时增加测线及横断面。对重要的地质界线，应布置一条或多条物探横断面，查明地质界线的分布位置、走向、倾向及地质特征。

　　3　测线布置应以追踪的重要异常为中心向两边延伸，测线长度宜大于探测深度及超过异常宽度3倍。

　　4　物探成果应结合其他勘探资料综合分析。

**条文说明**

　　物探方法均需具备一定的物性条件，主要研究一定深度地层的物理性质。因此，结合地区特点、地层及地质构造情况，充分利用被探测体的物性条件开展综合物探探测，将取得的资料相互验证、互为补充，是提高物探解译精度的有效方法。

　　物探是通过采集天然或人工物理场的分布状态信息，分析、研究、了解地质体的物理性质和几何形态的勘探方法。但是不同物性和不同形态的地质体物理场的分布状态有可能相同；地质体的几何参数与物性参数作某种相对变化时，物理场的分布可以不变，因此造成物探信息的多解性。要取得正确的解译，就必须掌握地质体的物性参数或几何参数，必须有适当的已知地质资料，才能保障物探解译精度。因此，物探资料要与钻探及其他已知的地质勘察资料进行对比、分析、互相验证，上述综合勘察方法可有效查明隧道的地质条件，其中较为明显的案例如兰渝铁路西秦岭隧道为软岩隧道，涉及地层主要为泥盆系灰岩、千枚岩，下元古界变砂岩及千枚岩地层，勘察揭示岩石抗压强度整体在 30～60MPa 之间，岩石软硬适中，属于软质岩，局部为硬质岩，勘察期间采用了大面积遥感解译技术，通过利用可控源音频大地电磁（CSAMT）探测方法、深钻孔等多种先进技术开展综合地质勘察，查明了隧道通过区的地层岩性、地质构造、水文地质特征、围岩特征、地温、地应力、岩爆分布特征等；最终选择了地质条件最优的 28km 隧道方案，线路绕避了不良地质体，大角度通过断裂构造，减少了对隧道施工的影响，施工期间采用了 2 台敞开式 TBM 结合钻爆法施工，经施工验证，综合勘察技术详细查明了隧道的地质条件。

**5.2.4** 地质条件复杂地段综合物探测试应符合下列规定：

1 物探方法选择时应充分考虑被探测对象的探测深度、分辨率等因素，各方法的优劣性及互补原则。

2 应采用地面物探、孔内物探相结合的方法进行。

3 不同物性参数的物探方法相互结合。

4 成果资料之间应相互印证。

**5.2.5** 初测阶段物探工作应符合下列规定：

1 物探主要用于探查贯通方案和主要比选方案不良地质、岩性接触带、构造带、地质异常体的位置和分布范围。

**条文说明**

在初测阶段，物探是主要的勘探手段。由于线路方案尚未稳定，物探测线可以同时布置在贯通方案和主要比选方案，为方案地质条件评价提供依据。初测阶段，对于是否采用全断面工法施工尚不确定，但对于影响工法选择的断层破碎带、岩溶、蚀变岩带等，需要垂直其走向布置，初步查明其物质组成、走向、宽度、倾向、富水性等特征，为隧道方案及工法选择提供依据。

2 方案比选范围内发育断层、岩溶、蚀变岩等影响隧道工法比选时，宜适当增加垂直断层、岩溶发育带或岩层走向的物探测线。

3 对主要的地层界线、断层破碎带、岩溶、蚀变带等影响掘进机施工方案决策的地段应采用地面（航空）物探、孔内相结合的综合物探手段进行探测。

4 应开展地表、孔内岩体纵波波速测试工作，并分析围岩完整性。

**条文说明**

地表地震波测试由于测深限制，其应用受到较大制约，但可以选择不同岩性的代表性地段进行地表岩体纵波波速测试，结合地面调查及钻孔揭示情况，对获取的波速参数值进行分析，达到对围岩完整性进行判定的目的。

**5.2.6** 定测阶段物探工作应符合下列规定：

1 在初测地质工作的基础之上，结合线路方案调整变化情况开展补充物探工作。

2 物探工作应满足隧道工程地质条件评价和 TBM 设备选型的需要。

3 对主要的地质界线、断层破碎带、岩溶、蚀变带等影响 TBM 施工方案决策的地段应采用地表（航空）物探、孔内测试相结合的综合物探手段进行补充探测。

**条文说明**

定测阶段，线路方案已经基本稳定，物探工作主要围绕隧道工点进行。物探测线主要沿隧道中线布置，必要时也可布置横断面，判断地质条件横向变化趋势。对于双洞单线隧道，必要时可沿每条隧洞布置测线。

**5.2.7** 物探用于断层勘察时应符合下列规定：

1 探测内容宜包括断层破碎带位置、宽度、延伸方向和富水性等。

2 埋深不大于100m的断层破碎带探测，可选用瞬变电磁法、高密度电法、电测深、地震折射波法、面波法等，测点间距宜为 2～10m。

3 埋深大于100m的断层破碎带的探测可选用音频大地电磁测深法、可控源音频大地电磁测深法、瞬变电磁法、天然源面波法等测试方法。

4 物探测线的布置宜与断层走向垂直或大角度相交，确定断层走向时，应有 2 条以上的测线通过断层。

**5.2.8** 物探用于岩溶勘察时应符合下列规定：

1 探测内容宜包括岩溶分布、埋深、规模、充填及岩溶水发育情况。

2 根据隧道埋深及覆盖层厚度，选择适宜的物探方法。

**条文说明**

隧道埋深不大于100m时可采用电测深、高密度电法；接地不良或基岩裸露时可采用地质雷达、瞬变电磁或大地电磁法；隧道埋深大于100m时可选用音频大地电磁测深法、可控源音频大地电磁测深法、瞬变电磁法、天然源面波法等测试方法。

3 物探测线宜按隧道中线或垂直岩溶发育带走向布置，不宜少于3条测线，测点间距为 5～30m，测网宜超出工程边界；探查与地下水活动相关的岩溶发育带还应布置相关的追踪测线。

**条文说明**

断层和岩溶的发育情况是确定是否采用 TBM 施工的重要因素，探明走向、宽度十分重要。目前，采用 TBM 施工的隧道，一般埋深较大，电测深法、高密度电法等直流电法的探测深度一般难以达到洞身，可用于探测覆盖层厚度，辅助分析断层、岩溶展布规律；需要探测至洞身时，一般采用大地电磁音频测深法。

**5.2.9** 物探测井应符合下列规定：

1 深孔钻探应开展孔内物探综合测井工作。

2 物探测井可开展井径、井斜、井温、电阻率、自然电位、自然伽马、密度、声速、钻孔摄像、超声成像等测试工作。

**条文说明**

综合测井的排列顺序宜为工程综合测井（包括电阻率、自然电位、自然伽马、井斜、波速测井测试、井径等）→测温→抽提水（或压水）试验→孔内电视→综合水文测井→有害气体测试→地应力测试。

## 5.3 钻探

**5.3.1** 钻探包括竖向、水平及定向钻探。

**条文说明**

本规程所述钻探主要指勘察期间采用的取芯地质钻探，包括竖向地质钻探、水平及定向地质钻探；全断面岩石掘进机法铁路隧道地质钻探主要用于如下目的：

（1）查明隧道地层完整性。

（2）查明地层界限、地层层序及接触关系。

（3）查明断层破碎带、蚀变带的位置物质组成，富水性及物理力学性质。

（4）查明隧道的水文地质条件。

（5）为孔内工程测井等各类试验提供钻孔条件，提供岩石试验样品。

**5.3.2** 钻探用于全断面岩石掘进机法铁路隧道勘察时应符合下列规定：

1 钻探应与物探、原位测试、试验等工作密切配合，综合利用。

2 钻探工作应根据现场地形、地貌和工程地质条件，合理选择钻探设备、工艺、方法。

3 钻孔的布置应满足设备选型和隧道地质条件评价。

**条文说明**

钻探是工程地质勘察最重要和最直观的手段，能够直接识别埋藏于地表以下的地层介质，由于钻孔的一孔之见，具有一定局限性，因此钻探要在遥感解译、调绘和物探的基础上进行，钻孔布置的位置要有代表性和针对性，并与其他地质资料综合分析。

**5.3.3** 初测阶段钻探工作应符合下列规定：

1 宜在分析遥感地质解译、地质调绘和综合物探的基础上，布置代表性钻孔。

2 根据需要对影响隧道钻爆法与掘进机施工方案决策的断层、岩溶发育带以及浅埋段开展必要的地质勘探工作。

3 钻孔深度应能满足探查地层结构、断层物质、岩溶发育程度为原则，宜钻探至隧道轨面以下不小于20m。

**条文说明**

初测阶段是代表性勘探，主要用于了解隧道区地层岩性及完整程度，影响线路方案和隧道工法选择的地质构造，不良地质的性质等。钻孔的位置要根据地质调绘、物探解译的等成果综合分析确定。

**5.3.4** 定测阶段钻探工作应符合下列规定：

1 宜在充分研究初测勘察成果资料的基础上进行。

2 钻孔的位置和数量应视地质复杂程度确定。隧道埋深小于100m的长大地段，钻孔间距不宜大于500m；隧道埋深较大的地段，钻孔间距应做专门研究。隧道洞口及浅埋段、重要地质界线、重大物探异常或不良地质段落宜布置勘探孔；顺层偏压地段、不同地质单元宜布置勘探孔。

3 宜对组装洞、拆卸洞及检修洞等扩大洞室布置钻孔；对地表临时组装及有轨运输场地应开展地质钻探工作。

**条文说明**

考虑到全断面岩石掘进机施工隧道对临时场地的要求相对较高，因此对临时场地的地质勘察工作，除了满足现行《铁路工程地质勘察规范》（TB 10012）及《岩土工程勘察规范》（GB 50021）要求外，还需要考虑场地稳定性，场地周边地质环境等的影响。

4 对非可溶岩地层，钻探深度应至轨面以下不少于5m。

5 对可溶岩地层，当轨面以下10m以内未见岩溶时，应钻至轨面以下10~15m，遇溶洞、暗河及其他不良地质时，应适当加深至溶洞及暗河底板以下不少于5m；当发育串珠状岩溶，在岩溶底板以下无5m以上稳定地层时，应根据设计需要确定。

**条文说明**

定测阶段的勘探工作要在初测阶段的基础上进行，主要查明隧道围岩节理裂隙的发育情况，有无软弱围岩或在高地应力作用下发生塑性变形的围岩以及膨胀岩等；查明断层及软弱破碎带及富水性等，为掘进机选型、设计及配套设备提供地质参数。详细划分隧道围岩掘进机工作条件分级，明确需要采用钻爆法提前处理的具体段落及长度，为隧道掘进机法施工设计、辅助处理、方案设计提供地质资料。

**5.3.5** 钻孔内宜开展取样和测试工作，采取的岩石、水样应具有代表性。同类地质条件岩土试样数量，应满足有关规定要求。采用极限状态法设计时，同类地质条件下各岩性采样不应少于 6 组，试验和测试项目应符合本规程第 6 章相关规定。

**5.3.6** 水文地质钻孔应按有关规定进行提水或抽水等试验及观测工作，必要时进行压水或注水试验。

**5.3.7** 钻探工艺、方法、质量要求及安全规定应符合现行《铁路工程地质钻探规程》（TB 10014）规定。避免遗漏对工程有影响的软弱夹层或软弱面（带），含水层分层及水位的测量应准确。

**5.3.8** 定向钻探应符合下列规定：

1 地形地质条件极为复杂、穿越江（湖海）段、重大不良地质发育段可选用定向钻探进行地质勘察。

2 定向钻探施钻前应根据地形、地质条件、目标层位开展定向钻孔轴线轨迹、钻进工艺、施工组织等设计。

3 定向钻孔应监测钻探轨迹，钻孔实际轴线与设计轴线发生偏差时，应及时采取纠偏措施，钻孔轨迹的监测方法应根据定向钻孔设计要求和地层特性选择。

4 定向钻孔直径应满足钻探取芯、取样和孔内测试要求，宜全程取芯。

**条文说明**

    水平定向钻探是把非开挖领域的定向钻进技术和勘察取芯技术相结合，利用钻孔的自然弯曲规律以及人工造斜工具，钻孔按设计要求获取目标地层。采用水平定向钻探技术，通过灵活控制钻进轨迹，可以获得一孔抵多孔或代替平洞勘探的效果，同时异地开孔也可克服环境制约，在地质勘探领域，尤其是深埋长隧道、跨江（海）穿越段及地下洞室群等工程中有较好的应用前景，主要优势如下：（1）提升深埋长隧道工程地质勘察成果质量和效率：目前深埋长隧道勘察以竖向钻孔为主，其主要缺点是勘探深度大、钻孔利用率低；同时受控于勘察经费的限制，勘探点数量有限，以点代线的勘察精度不高。而采用水平定向钻技术，通过造斜设计后，钻进可完全沿隧道轴线进行，无效进尺和工作量大大减少，综合利用率高，较传统的以点带线的勘探可以更完整、真实揭露隧道洞身的地质条件，具有传统竖向钻孔无法比拟的优势。（2）替代地下洞室群平洞勘探技术：传统的地下洞室群工程地质勘察中，查明地下洞室等部位的工程地质条件，往往需开挖大量平洞，平洞开挖一方面受火工品管控影响施工成本高、进度慢，同时由于弃渣的随意堆放往往会带来一些环境问题，或受困于地形等条件控制，平硐往往实施比较困难。若采用水平定向钻技术，通过灵活的造斜设计，可从多个部位进入勘察区域内进行水平定向钻探，某种程度上可代替平硐勘察，且具有施工成本低、进度快以及受场地限制小的优点。

近年来，水平定向钻探在隧道或穿越工程勘察中的应用越来越多，深度越来越长，如波密至然乌铁路完成了 1683m 的超深水平地质全孔取芯地质钻探工作；引江补汉工程完成了主孔 630m 定向钻探；中铁第一勘察设计院集团有限公司在某高原铁路开展了大量水平及定向地质钻探工作，累计完成地质钻探 27 孔/1193m，其中拉月隧道完成 1631m 的水平定向全孔取芯钻探工作。水平定向钻探均取得了良好的效果，为工程勘察领域水平定向钻探技术的推广应用奠定了重要基础。

# 6 测试与试验

## 6.1 一般规定

**6.1.1** 全断面岩石掘进机法铁路隧道现场测试工作包括地表物探测试及孔内测试，应结合勘察阶段、隧道通过区地质条件有针对性地开展。

**6.1.2** 地表物探测试工作主要采用物探手段探测隧道洞身岩体的完整性，断层破碎带位置、宽度及走向，岩性接触带位置，地下水发育程度，可溶岩岩溶的发育程度等特征，孔内测试主要指水文地质试验及观测、地应力测试、综合测井等工作。

**6.1.3** 室内试验指岩石的物理力学试验、膨胀试验及硬度试验，除包括岩石含水率、颗粒密度、吸水性、膨胀性等常规试验外，应重点开展岩石抗压强度、岩石声波测试、岩石硬度试验及石英含量测定。

## 6.2 现场测试

**6.2.1** 全断面岩石掘进机法铁路隧道现场测试工作目的是通过地表及孔内测试工作获取岩体相关参数，现场测试项目详见表6.2.1。

表 6.2.1 现场测试项目一览表

| 地质条件 | 岩体波速测试 | 电阻率测试 | 水文地质试验 | 水文地质观测 | 地应力测试 | 地温测试 | 有害气体测试 | 电测井 | 声速测井 | 超声成像测井 | 放射性测井 | 电视测井 |
|---|---|---|---|---|---|---|---|---|---|---|---|---|
| 硬质岩 | + | （+） | + | （+） | （+） | （+） | （+） | + | + | （+） | （+） | （+） |
| 软质岩 | + | （+） | + | （+） | （+） | （+） | （+） | + | + | （+） | （+） | （+） |
| 构造破碎带 | + | （+） | + | （+） | （+） | （+） | （+） | + | + | （+） | | （+） |
| 膨胀岩 | + | （+） | + | | （+） | （+） | （+） | + | + | （+） | | （+） |

注：本表中 + 为必做项目，（+）为选做项目。

**6.2.2** 隧道勘探完成后应开展相关水文地质试验工作，选用抽水、提水及压水试验等方法，并符合下列要求：

1 水文地质勘探孔的钻孔结构、钻进方法、钻孔斜度应能满足水文地质试验工作要求，当需要查明各含水层的水位、水质、水温、透水性等时，应采取分层止水和开展水文地质试验工作。

2 水文地质试验应结合水量、水位选择合适的试验方法，有条件时应开展抽水试验，试验完成后取代表性水样进行水质化验。

3 对存在岩溶暗河、管道流等重大地质风险的岩溶隧道，根据需要应开展示踪试验等现场水文地质测试工作，以查明岩溶暗河及管道流的进出口，必要时可结合隧道地质条件开展水文地质观测工作。

4 现场水文地质测试工作结束后应结合调查、勘探成果资料进行隧道涌水量计算，并分析评价隧道通过区水文地质条件和掘进机施工存在的水文地质问题。

**6.2.3** 水文地质观测应符合下列要求：

1 水文地质动态观测应利用井、泉及已有的钻孔、洞室等进行，观测内容包括水位、水温、水质、流量、流向等，观测延续时间不宜少于一个水文年。

2 施工期水文地质观测内容包括开挖过程中地下水出渗情况、隧道排水量及周围地下水位变化情况。

3 同一地区设置的观测点，应采用同一种方法和同一类工具，同步进行观测。

**6.2.4** 岩体波速测试应根据需要采用单孔法、跨孔法、面波法或开展地面物探工作获取岩体纵波波速，并结合岩石波速评价隧道洞身岩体完整性系数。

**条文说明**

在地震波法中，根据弹性波在介质中的传播方式，可分为直达波法、反射波法、折射波法及瑞雷波法。岩体纵波波速的确定，在《工程地质手册》（第五版）中主要采用地震波勘察法和超声波探测法进行确定，地震波法勘察主要是通过人工激发的弹性波在岩体内传播，来判定岩体完整性和地质构造等；超声波法利用超声波在岩土体中的传播特性，用于探测地质构造、覆盖层厚度等。

直达波法是一种直接从震源出发而不经过界面反射和折射，从而抵达接收点的地震波，利用直达波的时距曲线求得直达波波速；而反射波是从震源向地层中传播，遇到波阻抗不同的岩体时会发生反射，并遵循反射原理，结合反射波时距曲线和埋深，可求取介质的反射速度。通过求取岩体的纵波波速结合岩块的纵波波速即可计算岩体的完整性系数，其计算公式为：

$$K_v = (v_{pn}/v_{pr})^2 \tag{6-1}$$

式中：$v_{pn}$、$v_{pr}$——岩体和岩块的纵波波速（m/s）。

**6.2.5** 对深埋隧道岩石强度应力比小于 7 或岩体最大初始地应力值大于 20MPa 时，

应按高地应力隧道开展地质测试工作，现场测试数据获取及资料整理应符合下列要求：

1    测试前应收集隧道的工程地质资料、隧道走向及地貌特征，了解钻孔结构、岩性、完整性、孔径、静水位及其他测井资料，结合上述资料研究测试方案和调试仪器设备。

2    现场测试工作应获取岩体的相关压裂参数，并计算主应力的大小及方向，进行初始地应力状态评估，综合分析隧道区的地应力场与区域地应力关系。

3    在资料整理过程中应结合地质调查、勘探及测试成果综合分析高地应力区隧道岩爆等级或高地应力区隧道软岩大变形等级，重点分析评价其对掘进机施工的影响。

4    在施工期间应根据需要开展洞内补充地质调查和地应力测试工作。

**条文说明**

在深埋长大 TBM 施工隧道中，因高地应力导致大变形及岩爆等影响施工安全的问题时有发生，地应力会随埋深增大逐步增加，当隧道埋深大于 1000m 时，隧道的埋深会成为制约掘进机施工效率和经济效率的关键因素，一般而言隧道埋深越大 TBM 施工适宜性越差。根据国内外研究发现，当 $R_c/\sigma_{max} \leq 4$ 时，会对 TBM 施工造成影响，此时软岩地层一般会产生变形，在色季拉山隧道硬质岩地段施工中，因高地应力产生坍塌掉块等地质问题，根据中铁第一勘察设计院集团有限公司在《色季拉山隧道围岩破裂机理及支护措施》专题研究成果发现，因长期地质构造和高地应力双重作用下，深部形成闭合硬性结构面、节理和微裂隙，一旦开挖导致径向应力减小，使得原本闭合的结构面张开扩展，强度迅速降低，直接影响岩体完整性和强度，同时因 TBM 开挖刀盘的插入和旋转破岩，刀盘、护盾和围岩之间长时振动，持续动力扰动触发损伤围岩快速破坏，继而发生围岩开裂和垮塌。

孔内地应力测试可采用水压致裂法、应力解除法、孔底应变法、孔径应变法及孔壁应变法，在勘察期间宜首选水压致裂法，目前国内外对地应力测量方法较多，其中应用较为广泛的主要为二维水压致裂法，该方法需测试三维地应力大小和方向时，也可采用三维水压致裂法，主要应用于岩体完整或较完整地层中。

常规水压致裂法地应力测试应符合下列要求：钻孔岩芯完整或较完整；岩体为多孔介质时，流体在岩体孔隙中流动依据达西（Darcy）定律计算；岩体初始应力场三个主应力中有一个与钻孔轴线平行。水压致裂法测试系统见图 6-1。

**6.2.6**    对高地温隧道应开展地温测试工作，现场测试应符合下列要求：

1    查明钻孔孔内地温梯度、高地温类型等，分析评价地温热害对掘进机施工的影响，提出降温处理措施及建议。

2    取代表性地下热水水样进行化学全分析、气体分析；取地热区代表性常温地下水、地表水进行化学全分析。

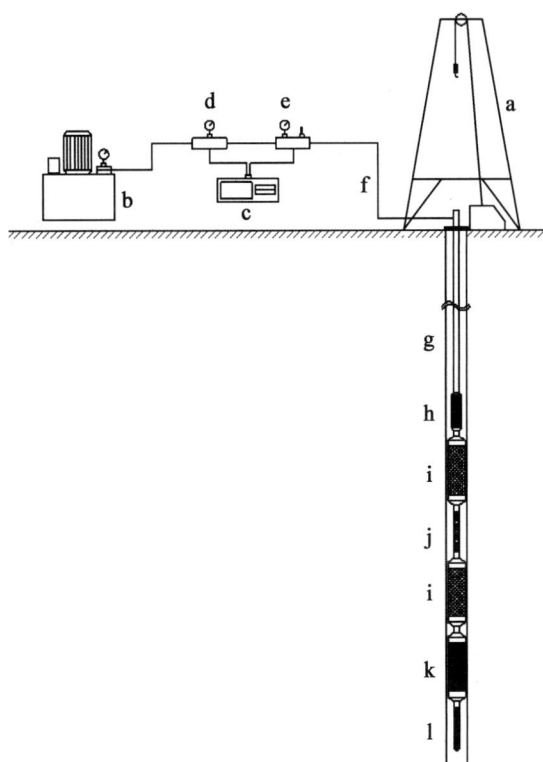

图 6-1　水压致裂法地应力测试系统

a-钻塔；b-高压泵站；c-采集系统；d-流量计；e-压力变送器；f-高压管；g-钻杆；h-推拉开关；i-串联封隔器；j-试验加压段；k-印模器；l-定向仪

## 条文说明

根据现行《铁路工程不良地质勘察规程》（TB 10027）的技术要求，分析地温异常区的高地温类型，对高地温地区进行地温带划分及热害分级（表 6-1），但当钻孔内存在浆液时，测温结果一般较实际温度偏高 8～10℃，因此根据《铁路工程物理勘探规范》（TB 10013—2023）第 11.7.2 条规定，一般测温需在静止 24h 后完成。

表 6-1　地温带划分及热害评估分级

| 地温带分级 | 温度 $T$ 界限（℃） | 断裂导热水能力 | 热害评估等级 | 降温处理措施 |
|---|---|---|---|---|
| 常温带（Ⅰ） | $T \leq 28$ | 差 | 无 | 无需处理 |
| 低高温带（Ⅱ） | $28 < T \leq 37$ | 弱 | 轻微 | 非制冷（加强通风） |
| 中高温带（Ⅲ） | $37 < T \leq 50$ | 中等 | 中等 | 人工制冷 |
| 高高温带（Ⅳ） | $50 < T \leq 60$ | 较强 | 较严重 | 人工强制制冷 |
| 超高温带（Ⅴ） | $T > 60$ | 强 | 严重 | 专题研究 |

**6.2.7**　对可能存在有害气体的隧道，应结合地质调查、勘探成果，分析有害气体类型，并开展有害气体现场测试工作、测试内容及技术应满足下列要求：

1　在现场测试中勘探孔孔径应不小于 75mm，钻孔结构需满足有害气体测试需求。

2 对煤层瓦斯现场测试应获取含量、压力、含瓦斯介质物理化学性质以及封闭瓦斯的顶底板物理力学性质。

3 对其他有害气体应测试其有害气体成分、含量、压力、涌出量、含有害气体介质的物理化学性质，必要时开展气象色谱、同位素、生物标本化合物、稀有气体试验。

4 根据测试结果分析评价有害气体类型、等级，并评价其对掘进机施工隧道的影响程度。

5 结合勘察成果及施工开挖揭示情况，施工期间应开展瓦斯监测，其中对微瓦斯工区可采用人工监测，其他瓦斯工区除采用人工监测外，宜采用自动监测报警系统进行监测和检测。

**条文说明**

根据现行《铁路瓦斯隧道技术规范》（TB 10120）技术要求，对瓦斯隧道除进行瓦斯含量检测外，还需查明瓦斯的类型、分布、压力及涌出量等，并进行瓦斯工区等级划分，瓦斯工区及对瓦斯涌出量判定指标见表6-2。

表6-2 瓦斯工区及对瓦斯涌出量判定指标表

| 项目 | 分类 | 判定指标（$m^3/min$） | |
| --- | --- | --- | --- |
| | | 中等、大、特大跨度 | 小跨度 |
| 隧道工区 | 非瓦斯工区 | 0 | |
| | 微瓦斯工区 | $Q_{绝} < 0.5$ | $Q_{绝} < 0.3$ |
| | 低瓦斯工区 | $1.5 > Q_{绝} \geq 0.5$ | $1.0 > Q_{绝} \geq 0.3$ |
| | 高瓦斯工区 | $Q_{绝} \geq 1.5$ | $Q_{绝} \geq 1.0$ |

注：1. 隧道开挖跨度是指隧道开挖横断面的水平最大宽度；小跨度为5～8.5m；中等跨度为8.5～12m；大跨度为12～14m；特大跨度为14m以上。

2. 判定瓦斯突出应同时满足下列4个指标：（1）瓦斯压力 $P \geq 0.74MPa$；（2）瓦斯放散初速度 $\Delta P \geq 10mmHg$；（3）煤的坚固性系数 $f \leq 0.5$；（4）煤的破坏类型为Ⅲ类及以上。

**6.2.8** 电测井用于获取地层及地下水的电性参数，应根据测试结果确定含水层位置和厚度，测定钻孔中含水层补给关系，并获取地下水的渗透速度等水文参数。

**6.2.9** 现场测试中应根据需要采用声波测井、超声成像测井、放射性测井、视电阻率测试、电视测井等获取围岩的弹性波速度和视电阻率值等特征参数。

## 6.3 室内试验

**6.3.1** 室内试验包括岩石矿物成分、抗拉、抗压、膨胀、硬度等工作，全断面岩石掘进机法铁路隧道试验项目详见表 6.3.1。

**表 6.3.1 室内试验项目表**

| 岩石类型 | 密度 | 颗粒密度 | 吸水率 | 薄片鉴定 | 抗拉试验 | 抗压试验 | | 膨胀试验 | | | | 硬度试验 | | 弹性波速 |
|---|---|---|---|---|---|---|---|---|---|---|---|---|---|---|
| | | | | | | 干 | 湿 | 自由膨胀率 | 膨胀率 | 饱和吸水率 | 膨胀力 | 石英含量 | 磨蚀指数 | |
| 硬质岩 | + | + | + | + | （+） | + | + | | | | | | + | + | + |
| 软质岩 | + | + | + | + | （+） | + | + | （+） | （+） | （+） | （+） | + | + | + |
| 构造破碎带 | （+） | （+） | （+） | （+） | （+） | （+） | （+） | （+） | （+） | （+） | （+） | + | （+） | （+） |
| 膨胀岩 | + | + | + | + | （+） | + | + | + | + | + | + | （+） | | + |

注：本表中 + 为必做项目，（+）为选做项目。

**6.3.2** 岩石掘进机施工隧道应重点开展岩石单轴抗压强度、岩石磨蚀指数、石英含量等试验工作，室内试验应符合下列要求：

1 岩石力学性质试验宜选择与工程所处环境和状态基本相符或相似的条件进行试验。

2 岩石试验前应描述岩石名称、颜色、完整程度、风化程度、胶结物性质，描述加荷方向与层理、节理裂隙的关系，描述试验过程中影响试验结果存在的问题。

3 试验中每套地层应取不少于 3 组岩样进行岩石单轴抗压强度试验，且最大值与最小值试验误差不小于 20%，否则应取第 4 组样进行试验，试验完成后应结合岩石单轴饱和抗压强度评价岩石坚硬程度。

**条文说明**

岩石的单轴饱和抗压强度会直接影响掘进机的施工效率，对于敞开式 TBM 主要适宜于岩体较完整－完整，且有较好稳定性的硬质岩地层，一般单轴饱和抗压强度在 50～150MPa，以Ⅱ～Ⅲ级围岩为主的隧道较为适宜，采用有效支护后，也适宜于软质岩隧道，对于局部较破碎围岩，掘进效率会降低，同时受岩体节理裂隙影响，施工中会产生局部掉块，甚至会发生小坍塌；双护盾式 TBM 主要适宜于较完整且具备一定自稳能力的软岩及硬岩地层，一般单轴饱和抗压强度在 30～90MPa 最为理想；单护盾式 TBM 主要适宜于具备一定自稳能力的软岩地层，一般单轴饱和抗压强度在 5～60MPa，以Ⅲ～Ⅳ级围岩隧道为宜。

4 岩石磨蚀指数试验要求应满足现行相关规范要求，试验完成后应计算岩石的磨蚀指数。

**条文说明**

岩石磨蚀性（CAI）测试方法是采用法国 Cerchar 研究所的实验方法，用一根合金钢针（直径 10mm，锥角 90°，HRC55）在 70N 的荷载下摩擦岩石表面，钢针在岩石表面缓慢（10mm/min）移动 10mm 后，其针尖损失的平均直径（以 mm 的 1/10 为计量单位）作为岩石磨蚀 CAI 值。

1）岩石磨蚀性指标测试样品制备应符合下列规定：

（1）试件可采用圆柱体或方柱体，可用岩芯或岩块加工制作，在采取岩样或制备试件时应避免人为产生裂隙。

（2）试验面应为岩石新鲜断口面，也可为金刚石锯片切割面。

（3）圆柱体试件直径宜为 50mm，高度宜为 50mm；方柱体试件最小边长宜为 50mm，高度宜为 50mm。

（4）每组应制备 1~3 块试件，当岩石岩性各向无差异或差异较小时可制备 1 块试件，当岩石各向差异较大时可制备 2~3 块试件。

（5）试件应保持天然含水率。

（6）试件在开始试验前应描述岩石名称、颜色、完整程度、风化程度、裂隙分布、试验面状态及试验方向，与层理、片理、裂隙之间的关系等。

2）岩石磨蚀性试验应按下列步骤进行：

（1）试验前应在显微镜下测量每根钢针针尖直径的初始值 $d_1$，准确至 0.01mm。应观察两个垂直方向钢针的直径，取其平均值作为钢针的直径。

（2）将试件固定在台钳中，使试件表面水平并与位移方向平行。

（3）安装钢针并使针尖与试件使岩面轻轻接触，应避免钢针针尖撞磨造成人为误差。

（4）安装好钢针后，保持垂直恒定重力 70N，然后使用手摇曲柄，给钢针施加水平推力，使得钢针在规定时间内沿水平方向直线移动 10mm，规定时间宜为 60s，根据需要也可以采用 10s。

（5）小心将钢针提离时间测试表面，并从仪器上取下。

（6）取下的钢针可采用侧视或俯视方法在显微镜下测量钢针直径 $d_2$，准确至 0.01mm。观察两个垂直方向钢针直径，取其平均值作为钢针的直径。

（7）调整钳台的位置或试件角度、在试件测试面不同位置重复试验 5 次，其中 3 次横向，2 次竖向，横向与竖向划痕不得交叉，划痕之间距离应大于 5mm，每次试验应采用新的钢针。

3）磨蚀性试验结果整理应符合下列规定。

（1）每根钢针的岩石磨蚀值应按下式计算：

$$\mathrm{CAI}_i = \frac{d_{i2} - d_{i1}}{d_0} \times 10 \tag{6-2}$$

式中：$\mathrm{CAI}_i$——第 $i$ 根钢针的岩石磨蚀指数值，计算至 0.1；

$d_{i1}$——第 $i$ 根钢针针尖直径的初值（mm）；

$d_{i2}$——第 $i$ 根钢针针尖直径的终值（mm）；

$d_0$——单位系数，取 1mm。

（2）岩石磨蚀指数应按下式计算：

$$CAI = \frac{1}{5}\sum_1^5 CAI_i \tag{6-3}$$

式中：$CAI$——岩石磨蚀指数值，若采用移动时间为 10s，则岩石磨蚀指数值用 $CAI_{10s}$，计算至 0.1。

（3）当试验所用的钢针硬度与本规程所规定的硬度不符时，可采用下式进行校正或等效计算：

$$CAI = \frac{0.415 CAI_{(x)}}{1 - 0.0107x} \tag{6-4}$$

式中：$CAI_{(x)}$——采用洛氏硬度为 $x$ 值时的岩石磨蚀值；

$x$——钢针洛氏硬度值。

（4）当采用金刚石锯片切割面作为测试面时，可通过下式进行换算：

$$CAI = 0.99 CAI_s + 0.48 \tag{6-5}$$

式中：$CAI_s$——采用金刚石锯片切割面作为测试面时岩石磨蚀指数值。

（5）同组岩石制备了 2～3 块试件时，应分别进行计算，并在试验结果中备注岩性相关描述。

（6）试验记录应包括岩石名称、岩样编号、试件编号、试件岩性、相关描述、试验前钢针针尖直径初值、钢针磨损后针尖直径终值、每根钢针的岩石磨蚀值、岩石磨蚀指数、影像资料、试验人员、试验日期等。

（7）岩石石英含量测定通常采用薄片鉴定法，适用于主要由透明矿物组成的岩石，室内试验步骤如下。

①首先进行岩石肉眼观察及放大镜观察，查看石英矿物的颜色、矿物成分、结构构造，并用小刀刻划确定无划痕。

②检查及选择偏光显微镜，并进行镜物中心校正。

③采用单偏光、正交偏光、锥光进行岩石矿物鉴定，记录岩石的岩屑、细脉等特征。

④统计岩石的石英含量并进行镜下素描和拍照。

⑤编制薄片鉴定报告。

# 7 工程地质条件适宜性评价

## 7.1 一般规定

**7.1.1** 工程地质条件适宜性评价应在隧道工程地质、水文地质勘察的基础上，结合全断面岩石掘进机法施工特点和技术要求进行综合评价。

**7.1.2** 工程地质条件适宜性评价应充分利用遥感解译、地质调绘、勘探及测试试验等成果资料，采用定性与定量相结合的综合分析方法进行评价。

**7.1.3** 根据隧址区的地形地貌、地层岩性、地质构造、水文地质、不良地质及特殊岩土等工程地质特征进行工程地质条件适宜性评价，应包括下列内容：
 1 岩石坚硬程度、磨蚀性、岩体完整性、均一性等特征。
 2 褶皱、断裂、节理密集带、蚀变带、不整合接触带等地质构造影响分析。
 3 孔隙水、裂隙水及岩溶水等地下水影响分析。
 4 岩溶、高地应力、高地温、有害气体、软岩变形、岩爆等不良地质影响分析。
 5 膨胀岩、岩盐等特殊岩土的影响分析。
 6 临时便道、大临场地等附属工程的工程地质分析和评价。

## 7.2 工程地质条件评价

**7.2.1** 岩石坚硬程度应按表7.2.1确定。

表 7.2.1 岩石坚硬程度评价表

| 岩石单轴饱和抗压强度 $R_c$（MPa） | >150 | 150～100 | 100～60 | 60～30 | 30～15 | 15～5 | ≤5 |
|---|---|---|---|---|---|---|---|
| 岩石坚硬程度 | 三级极硬岩 | 二级极硬岩 | 一级极硬岩 | 硬岩 | 较软岩 | 软岩 | 极软岩 |

**7.2.2** 岩石磨蚀性等级判定应按表7.2.2确定。

表 7.2.2　岩石磨蚀等级判定表

| 磨蚀等级 | 磨蚀指数（CAI） | 磨蚀等级 | 磨蚀指数（CAI） |
|---|---|---|---|
| 极低 | <0.5 | 高 | 3.0~4.0 |
| 非常低 | 0.5~1.0 | 非常高 | 4.0~5.0 |
| 低 | 1.0~2.0 | 极高 | ≥5 |
| 中等 | 2.0~3.0 | | |

**条文说明**

根据现行《铁路隧道掘进机法技术规程》（Q/CR 9528），将岩石磨蚀等级分为 7 级，本规程与其保持一致。一般情况下，岩石磨蚀值越大，对应岩石的磨蚀性就越高，岩石磨蚀（CAI）等级评价表参照国际岩石力学协会（ISRM）的分级标准，见表 7-1。对于硬岩中的机械掘进，CAI 值在 0.5 以下的情况极少，且对破岩工具的磨损影响极低，没有必要再作详细划分。CAI 值在 5.0 以上的极端情况较少，此时刀具磨损极大，可以进行保守的寿命预估，也不需再作划分。CAI 值在 1.0~5.0 区间内的情况较为普遍，且在 CAI 值较大时有必要保持间隔为 1 的等级划分。ISRM 的 CAI 分级采用硬度 HRC55 的钢针在岩样粗糙表面测试后的结果。此外，由于该规程在对针尖磨损直径 $D$ 取平均数时精确到 0.01mm，因此其 CAI 值的结果精确到 0.1，为了避免误解，表 7.2.2 在此基础上进一步对其评价等级进行了优化分级，更具指导性。

表 7-1　国际岩石力学协会岩石磨蚀等级划分

| 磨蚀等级 | 磨蚀指数（CAI） | 磨蚀等级 | 磨蚀指数（CAI） |
|---|---|---|---|
| 极低 | 0.1~0.4 | 高 | 3.0~3.9 |
| 很低 | 0.5~0.9 | 很高 | 4.0~4.9 |
| 低 | 1.0~1.9 | 极高 | ≥5 |
| 中等 | 2.0~2.9 | | |

**7.2.3**　岩体完整程度应按表 7.2.3 确定。

表 7.2.3　岩体完整程度

| 岩体完整程度 | 完整 | 较完整 | 较破碎 | 破碎 | 极破碎 |
|---|---|---|---|---|---|
| $K_v$ | >0.75 | 0.75~0.55 | 0.55~0.35 | 0.35~0.15 | ≤0.15 |
| $J_v$（条/m³） | <3 | 3~10 | 10~20 | 20~35 | ≥35 |
| RQD（%） | >80 | 80~60 | 60~40 | 40~25 | ≤25 |

注：$K_v$ 为岩体完整性指数；$J_v$ 为岩体体积节理数；RQD 为岩石质量指标。宜采用岩体完整性指数 $K_v$ 实测值评价岩体完整程度。当无条件取得 $K_v$ 实测值时，可采用岩体体积节理数 $J_v$ 或 RQD 值换算岩体完整性指数。

— 35 —

**条文说明**

岩体完整性指数是反映岩体完整程度的重要指标，为岩体与岩石纵波波速比值的平方，同时用动力法也可以测定岩体完整性系数。一般情况下，当岩体完整时，掘进机施工效率相对较好；而当岩体整体完整性差时，岩体结构面极为发育，整体强度低，围岩已不具备自稳能力，此时掘进机施工效率会大大降低，甚至会影响掘进机施工安全。

**7.2.4** 对于断层破碎带，应查明其性质、产状、规模、分布范围、物质组成、富水性、破碎程度，预测对掘进机施工的影响程度，并分析是否适宜于掘进机施工，提供工程措施建议，破碎带掘进机适宜性评价详见附录 A。

**条文说明**

影响掘进机施工的地质因素众多，但不良地质条件是其中最重要的因素之一。根据以往工程经验，对于断层破碎带的适宜性评价不仅仅是单一断层破碎带的评价，更应该注重隧道整体区域构造的地质条件评价，以及断层间围岩完整性、富水性等多因素综合判断。

**7.2.5** 当岩石强度应力比满足高地应力条件时，应按照高地应力隧道开展工程地质勘察工作，隧道初始地应力场评估基准应符合表7.2.5要求。

表7.2.5　初始地应力场评估基准

| 初始地应力状态 | 评估基准（$R_c/\sigma_{max}$） |
|---|---|
| 高地应力 | 4~7 |
| 极高地应力 | <4 |

注：表中 $R_c$ 为岩石单轴饱和抗压强度（MPa），$\sigma_{max}$ 为垂直洞轴方向的最大初始地应力值（MPa）。

**7.2.6** 对存在高地应力地质问题的隧道，应进行软岩大变形及硬岩岩爆等级划分，评价掘进机施工的适宜性，评价标准详见附录 B 和附录 C。

**条文说明**

高地应力地质问题是深埋隧道施工中常见的一种地质现象，对于硬质岩和软质岩会产生不同的地质现象，继而发生不同的地质问题。

岩爆是岩体中聚集的高弹性应变能，因开挖而形成的一种强烈瞬时应力释放现象，是岩体内部由于地质运动储存的能量达到一定极限值，在隧道开挖后地应力释放力大于岩石所承受的极限力学破坏强度时产生岩石破坏向开挖临空薄弱面释放的现象。而TBM 施工的破岩机理和钻爆法存在一定差异，TBM 施工对围岩扰动小，有利于保护围岩的整体性，但施工速度快，相对于钻爆法施工时滞性岩爆发生的概率较大，容易产生护盾后方的掉块、弹射和坍塌，对于即时性岩爆容易产生卡机等风险，因此在掘进机地质条件评价中对于可能发生岩爆的地段应重点评价。

对隧道围岩高地应力评估与岩爆、软岩大变形分级应根据地应力和岩石强度实测资料，结合隧道工程埋深、地形地貌、地层岩性、地质构造、施工开挖过程中出现的岩爆、岩芯饼化等特殊地质现象综合确定。《铁路工程不良地质勘察规程》（TB 10027—2022）附录 H，确定了初始地应力状态的划分，如表7-2所示。

**表7-2 初始地应力状态划分基准表**

| 岩性 | 初始地应力状态 | 主要现象 | 划分基准 | |
|---|---|---|---|---|
| | | | 最大初始地应力 $\sigma_{max}$（MPa） | 岩石强度应力比 $R/\sigma_{max}$ |
| 硬质岩 | 极高地应力 | 岩芯常有饼化现象，开挖过程中时有岩爆发生，有岩块弹出，洞壁岩体发生剥离，新生裂缝多 | $\sigma_{max} \geq 20$ | $R/\sigma_{max} \leq 2$ |
| | 高地应力 | 岩芯时有饼化现象，开挖过程中可能出现岩爆，洞壁岩体有剥离和掉块现象，新生裂缝较多 | | $2 < R/\sigma_{max} \leq 4$ |
| | 中等地应力 | 开挖过程中洞壁岩体局部有剥离和掉块现象 | $\sigma_{max} < 20$ | $4 < R/\sigma_{max} \leq 7$ |
| | 低地应力 | 无上述现象 | | $R/\sigma_{max} > 7$ |
| 软质岩 | 极高地应力 | 岩芯时有饼化现象或缩径现象，开挖过程中洞壁岩体有剥离，易发生大变形，位移极为显著，持续时间长，不易成洞 | $\sigma_{max} \geq 10$ | $R/\sigma_{max} \leq 2$ |
| | 高地应力 | 岩芯有饼化现象，开挖过程中洞壁岩体位移明显，成洞性差 | | $2 < R/\sigma_{max} \leq 4$ |
| | 中等地应力 | 开挖过程中洞壁岩体有一定的位移，成洞性尚好 | $\sigma_{max} < 10$ | $4 < R/\sigma_{max} \leq 7$ |
| | 低地应力 | 无上述现象 | | $R/\sigma_{max} > 7$ |

注：表中 $R$ 为岩石单轴抗压强度（MPa）；$\sigma_{max}$ 为岩体最大初始地应力（MPa）。地应力状态划分一般应同时满足两项指标。

对软岩变形地段，需结合勘察成果资料进行软岩大变形等级划分，高地应力大变形分级详见表7-3。

**表7-3 高地应力大变形分级表**

| 大变形等级 | 最大初始地应力值 $\sigma_{max}$（MPa） | 岩体强度应力比 $R_m/\sigma_{max}$ | 围岩变形特征 |
|---|---|---|---|
| 轻微（Ⅰ） | $\sigma_{max} \geq 10$ | $0.25 < R_m/\sigma_{max} \leq 0.5$ | 隧道围岩以较软岩为主，中厚层~较薄层，岩体较破碎~破碎，岩心有饼化现象，围岩分级Ⅳ~Ⅴ级。开挖后围岩位移较大，持续时间较长；一般支护开裂或破损较严重，喷混开裂，钢拱架局部与喷层脱离，相对变形量1%~2.5%，围岩自稳时间短，以塑流型、弯曲型、滑移型变形模式为主，兼有剪切型变形 |
| 中等（Ⅱ） | | $0.15 < R_m/\sigma_{max} \leq 0.25$ | 隧道围岩以软岩为主或为断层影响带，岩层多为较薄层，岩体破碎，钻孔有缩径现象，围岩分级Ⅳ~Ⅴ级。开挖后围岩位移大，持续时间长；一般支护开裂或破损严重，喷混严重开裂，钢拱架局部变形，锚杆垫板变形，相对变形量2.5%~5%，洞底有隆起现象，围岩自稳时间很短，以塑流型、弯曲型变形模式为主 |

表 7-3（续）

| 大变形等级 | 最大初始地应力值 $\sigma_{max}$（MPa） | 岩体强度应力比 $R_m/\sigma_{max}$ | 围岩变形特征 |
|---|---|---|---|
| 强烈（Ⅲ） | $\sigma_{max} \geq 10$ | $0.05 < R_m/\sigma_{max} \leq 0.15$ | 隧道围岩以极软岩为主或为断层角砾、蚀变带，岩层多为中薄～极薄层，岩体破碎～极破碎，钻孔缩径现象较明显，围岩分级 Ⅴ～Ⅵ级。开挖后围岩有剥离现象，围岩位移很大，持续时间很长；一般支护开裂或破损很严重，喷混大面积严重开裂，钢拱架变形扭曲，甚至折断，锚杆拉断，相对变形量大于 5%～10%，洞底有明显隆起现象，流变特征很明显，围岩自稳时间很短，以塑流型为主 |
| 极强（Ⅳ） | | $R_m/\sigma_{max} \leq 0.05$ | 隧道围岩为极软岩或断层泥砾带，岩层多为极薄层，岩体极破碎，钻孔缩径现象明显，围岩分级 Ⅴ～Ⅵ级。开挖后围岩剥离现象明显，围岩位移很大，持续时间很长；支护开裂或破损极严重，喷混大面积严重开裂，钢拱架变形扭曲严重，甚至折断，锚杆拉断，相对变形量大于 10%，洞底显著隆起，流变特征很明显，围岩自稳时间很短，以塑流型为主 |

注：1. 相对变形量为变形量与隧道当量半径之比。
2. 大变形分级判别采用岩体天然抗压强度。
3. 当地应力在 8～10MPa 之间，按强度应力比判定存在大变形时，将大变形等级降低一级进行判定。
4. Ⅳ级围岩不考虑强烈、极强大变形，当预判为强烈、极强大变形时，按中等大变形处理。

**7.2.7** 针对岩溶不良地质问题，应分析岩溶隧道的岩溶形态、水文地质条件和突涌水地质风险，并分析岩溶发育程度，评价掘进机施工适宜性，岩溶段掘进机法施工适宜性评价标准见附录 D。

**7.2.8** 针对突涌水，应分析隧道水文地质条件和可能的突涌水段落，并分级评价突涌水等级和掘进机施工适宜性。突涌水等级和施工适宜性评价标准见附录 E。

**7.2.9** 初测阶段根据影响掘进机法施工的地质因素，初步评价其适宜性应包括下列内容：

1 岩石坚硬程度、石英含量、磨蚀性、岩体完整性等岩石（体）特征。

2 褶皱、断裂、节理密集带、蚀变带、不整合接触带等地质构造影响。

3 裂隙水、孔隙水、岩溶水等地下水影响。

4 岩溶、高地应力、高地温、有害气体、软岩变形、硬岩岩爆等不良地质影响。

5 膨胀岩、岩盐等特殊岩土的影响。

6 初步分段分析隧道岩体完整程度，岩体结构面发育程度、发育方向，岩体体积节理数 $J_v$、岩体完整性系数 $K_v$ 及钻探岩芯 RQD 值。

7 初步分段分析隧道地下水类型、水质、侵蚀性、补径排等水文地质条件，预测隧道涌水量，水文地质条件复杂地段应开展地下水突涌水（泥）风险地质评价。

8 岩溶隧道应初步分析岩溶、岩溶水补径排特征，划分岩溶水类型及垂直分带性，评价岩溶突涌水（泥）施工风险；初步分析评价岩溶形态、连通性、地下水发育程度、填充物物质组成等；综合评价岩溶隧道对掘进机施工的影响。

**7.2.10** 定测阶段适宜性评价应包括下列内容：

1 详细评价隧道通过区岩石强度、石英含量、岩石磨蚀性等工程地质特征。

2 分段分析隧道岩体完整程度，岩体结构面发育程度、发育方向，岩体体积节理数 $J_v$、岩体完整性系数 $K_v$ 及钻探岩芯 RQD 值。

3 详细分段分析隧道地下水类型、水质、侵蚀性、补径排等水文地质条件，预测隧道涌水量，水文地质条件复杂地段应开展地下水突涌水（泥）风险地质评价。

4 岩溶隧道应详细分析岩溶、岩溶水补径排特征，划分岩溶水类型及垂直分带性，评价岩溶突涌水（泥）施工风险；详细分析评价岩溶形态、连通性、地下水发育程度、填充物物质组成等；综合评价岩溶隧道对掘进机施工的影响。

**条文说明**

由于岩溶发育的不规律性，对于岩溶隧道的地质勘察、风险预判难度极大，稍有不慎便会导致施工事故的发生，不同的岩溶形态、充填物类型，对施工影响程度较大，一般对于小型干溶洞，对 TBM 施工相对容易，而对于富水大型溶洞，尤其是填充性大型溶洞，极易产生突水（泥）、坍塌、淹机、卡钻等地质风险。

5 分段分析构造破碎带及蚀变岩性质、宽度、物质组成、富水性等，评价对掘进机施工的影响。

6 分析隧道通过区高地应力特征，分段评价隧道通过区高地应力岩爆等级，软岩变形等级。

7 有害气体隧道，应分析有害气体的储气地层、构造特征，明确有害气体的运移、排放和储存规律，评价其对掘进机施工的影响程度。

8 掘进机施工临时组装场地、附属工程、弃渣场等应开展工程地质评价。

9 划分隧道围岩掘进机工作条件等级，明确主要地质风险，建议钻爆法施工段落。

**7.2.11** 补充定测阶段应根据需要开展补充地质勘察工作，进一步完善和评价掘进机施工的适宜性。

**7.2.12** 施工阶段根据开挖揭示和超前地质预报成果，分析前方围岩地质特征及施工地质风险。

## 7.3 掘进机工作条件评价

**7.3.1** 掘进机选型应根据岩石坚硬程度、岩体完整程度、岩石磨蚀性、地下水发育程度等地质条件指标进行工作条件分级，由好到差分成 A（工作条件好）、B（工作条件一般）、C（工作条件差）三级，评价标准见附录 F。

**7.3.2** 掘进机施工隧道工作条件评价应考虑下列地质因素：

1 沿线地形、地质适宜性评价包括隧道的地层结构、地质构造、岩石强度、完整性、节理发育程度、地下水、石英含量、耐磨性指标等因素。

2 工作条件应充分考虑同一地区或类似地层结构、地质风险对施工的影响，评价影响隧道施工进度和安全的不良地质因素。

**条文说明**

全断面岩石掘进机设备选型应综合考虑地质、交通、经济、工期和技术条件，其中地质条件是设备选型的首要条件，TBM 设备能否发挥其最优效率，工程地质和水文地质条件至关重要，在某高原铁路的设备选型中综合考虑了如下因素。

（1）功能需求，即所选设备需要满足高原铁路地质现状、功能需求等。

（2）地质条件，在设备选型中充分考虑了高原铁路地质条件的特殊性，存在的诸如岩爆、软岩变形、岩石指标等。

（3）工期要求，设备选型需结合工期，包括掘进机制造、施工前期准备、掘进及工效、运输及转场等因素。

（4）线型条件，即选用的 TBM 设备需要满足铁路隧道平面曲线转弯半径和纵坡要求，即要求 TBM 掘进方向能及时调整并有效控制。

（5）施工安全与长距离掘进要求，要求 TBM 施工装备具备长距离掘进的良好性能，强大的通风、供电、排水及处理应急事故等能力。

（6）具备处理不良地质性能要求，考虑该高原铁路的特殊性，其高地应力、高温热害、软岩大变形、有害气体、岩溶等地质问题突出，因此其设备配置了搭载式超前地质预报装备，具备快速探测，超前加固注浆等能力。

在高原铁路 TBM 设备选型中，结合隧道地质条件、施工风险、辅助坑道设置条件、施工工期等因素综合分析后，将 TBM 适宜性条件划分为以下 5 类：

A 类：工程地质条件较好，以硬岩为主，受地质构造影响小，钻爆法辅助坑道设置极其困难，且工期长、工期风险大，适宜于采用 TBM 施工的隧道。

B 类：工程地质条件较好，以硬岩为主，受地质构造影响小，但辅助坑道设置相对较容易，适宜于采用 TBM 施工，但也可以采用钻爆法施工的隧道。

C 类：工程地质条件较好（较软岩—硬岩为主）、构造影响小；钻爆法辅助坑道设置困难、工期较长；TBM 施工正洞有一定的风险，可研究小断面 TBM 施工平导的适应性。

D 类：工程地质条件较差、构造影响较大；钻爆法辅助坑道设置困难、工期较长、工期风险大；根据揭示的地质资料，TBM 施工风险较大，需进一步研究 TBM 施工的可行性。

E 类：工程地质条件差、构造影响大；钻爆法辅助坑道设置条件好、工期短；不适合 TBM 施工的隧道。

最终采用上述标准对某高原铁路 TBM 施工隧道的适宜性进行了评价，并在此基础上通过岩石单轴饱和抗压强度、岩体完整性、岩石磨蚀性等指标将隧道围岩进行分类、分级，进行 TBM 施工隧道掘进机工作条件分级。最后在设备选型中综合考虑了如下 4 类因素：

（1）综合要素分析，即从地质条件出发，分析工程质量、风险、进度、成本等多种因素，抓住关键因素进行 TBM 选型分析。总结既有工程经验，同时结合高原铁路隧道特点，提出"地质适应原则、风险控制原则、工期成本原则、相容有利原则" 4 个 TBM 选型原则。

（2）从地质关键因素角度分析。如果隧道围岩整体条件好，软弱围岩洞段较短，支护量不大，采用敞开式 TBM 具有显著的成本和进度优势；如果存在软硬岩交替，软质围岩洞段比例较长，但不会频繁被卡被困，采用双护盾 TBM 掘进支护一次成洞，具有一定的工期优势；单护盾 TBM 掘进和管片安装不能同步，施工进度较慢，一般用于以软质岩洞段为主、撑靴无法支撑洞壁的工程；而高原铁路选择 TBM 工法的隧道绝大部分洞段为硬质岩，所以单护盾 TBM 没有特定的适宜条件和优势；然而，在一般岩爆洞段，通常护盾式 TBM 比敞开式 TBM 安全性更高。

（3）从风险控制角度分析。高原铁路隧道大部分均为超长超大深埋复杂隧道，地质条件很难完全查明断层破碎带、软岩大变形、岩爆及高地温等重大风险，双护盾 TBM 长期被卡被困的风险更大；采用预制管片支护灵活性相对较差，管片衬砌接缝多，在接缝处的防水性、耐久性以及全隧道衬砌结构整体性等方面还有待进一步研究。

（4）从技术可靠性角度分析。虽然隧道地质条件是决定 TBM 选型的关键因素，但在应对不良地质方面的 TBM 设计制造、施工技术及其创新能力等决定了 TBM 工法和类型的被选择性；根据某高原铁路目前揭示的工程地质情况、围岩岩性、隧道长度及辅助坑道设置条件等，应以敞开式 TBM 为主。此外，针对个别工点辅助坑道，在地质条件允许的情况下也可考虑护盾式 TBM 或双模 TBM 等。

**7.3.3** 掘进机配备的超前地质预报设备应与掘进机类型、围岩地质条件和施工技术要求相适应，应配置搭载式超前地质钻机，必要时配置具备取芯能力的钻探设备。

**7.3.4** 掘进机设备配置应考虑复杂地质适应性，穿越不良地质时，应符合下列要求：

1 岩石掘进机穿越不良地质时，宜遵循"超前探测、快速处理、安全通过"的原则。

2 掘进机宜配置搭载式超前地质预报设备，以探明施工中的不良地质。超前地质预报实施过程中应选择对掘进机工作影响小、方便快捷且准确率较高的预报方法和装备。

3 隧道通过中等及以上岩溶发育地段、中型及以上涌水段落和中等及以上规模等级的破碎带不良地质段，应配备超前加固及注浆设备。

4　隧道存在中等及以上等级的软岩大变形不良地质段，掘进机应具备扩挖能力。

5　隧道存在中等及以上等级的岩爆不良地质段，掘进机设备应具备抵抗岩爆冲击的能力及措施。

6　隧道存在高温热害、有害气体地质问题时，应配置相应的防护装备或设施，并配置有毒有害气体、报警、防尘、防火和温度检测设备。

**条文说明**

全断面岩石掘进机施工需要充分考虑各种因素，在工程地质勘察、设计阶段应按踏勘、初测、定测及补充定测等阶段逐步进行，设备选型流程详见图7-1。

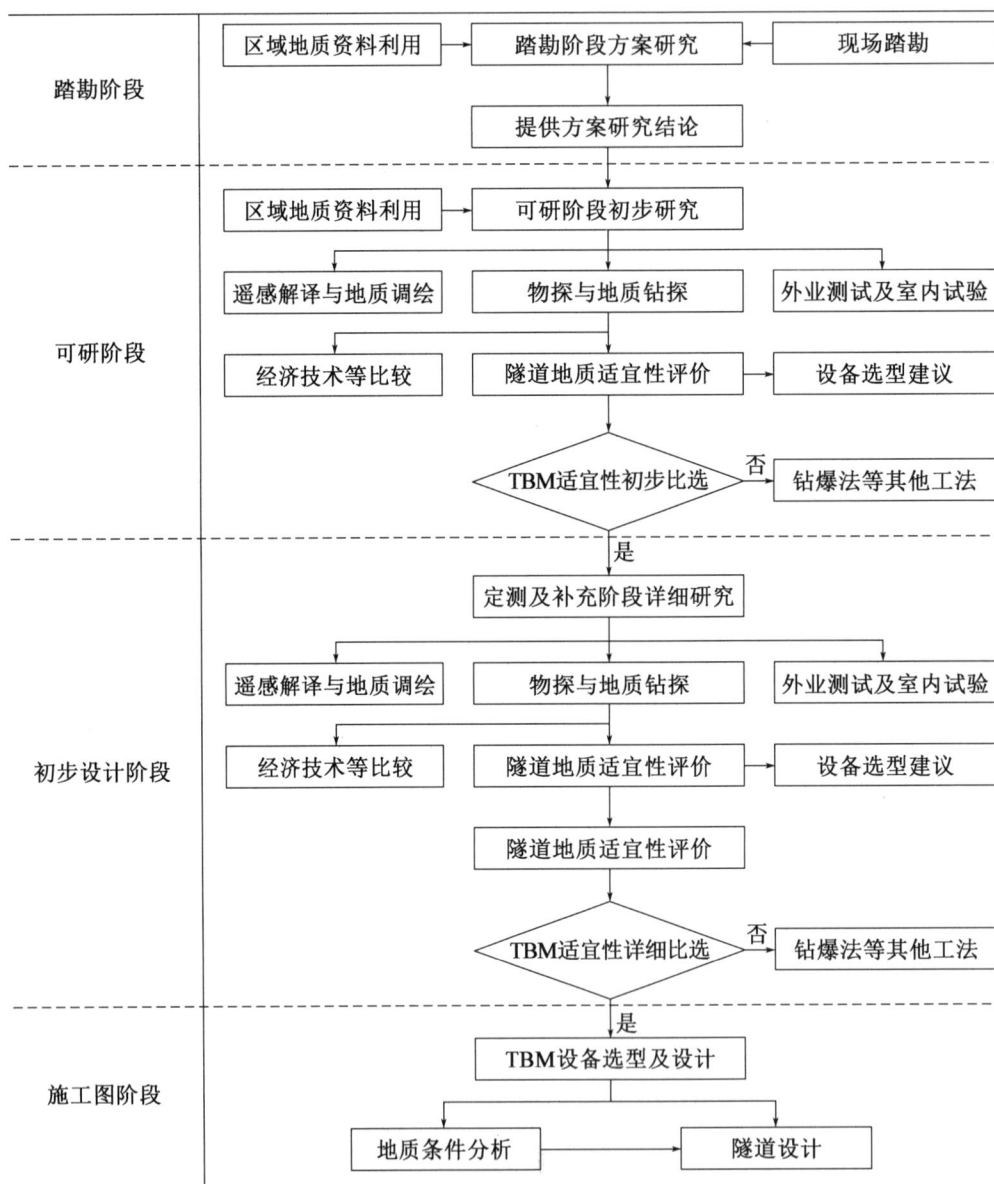

图7-1　全断面岩石掘进机勘察及设备选型流程

# 8 资料编制

## 8.1 一般规定

**8.1.1** 地质勘察资料应按踏勘、初测、定测及补充定测阶段进行编制。

**8.1.2** 资料编制应加强基础地质资料收集，整理各类地质勘察成果，资料编制应内容齐全、数据可靠、分析合理。

**8.1.3** 资料编制内容应包括工程地质勘察报告或工程地质说明、图件及基础资料。

## 8.2 编制内容

**8.2.1** 踏勘阶段应收集和分析区域地质资料、工程区既有工程资料，编写掘进机施工隧道工程地质素材，纳入踏勘阶段研究报告相关章节，说明内容包括隧道通过地区的自然地理、地层岩性、地质构造、水文地质、不良地质、特殊地质、主要气象资料及地震动参数区划、掘进机施工适宜性概括性评价等概略性说明。

**8.2.2** 初测阶段资料编制应符合以下要求。

1　工程概况：工程名称、地理位置、隧道长度及里程、工程规模等。

2　自然概况：线路通过地区的自然地理，如山脉、水系、气象、地形、地貌等自然特征及城镇、交通情况，地震动参数的区划概况等。

3　勘察概况：工作时间、方法、人员与分工、完成工作量、既有资料利用等。

4　工程地质特征：沿线地层、岩性及其分布范围，线路通过的主要地质构造及与线路的关系，各类建筑物的工程地质条件等。

5　水文地质特征：含水岩组分类、地下水类型、分布特征、富水性划分，隧道水文地质条件及环境水文地质条件评价，必要时编制水文地质图件。

6　主要工程地质问题：隧道不良地质、特殊岩土的类型、性质、范围、分布规律及其对工程的影响程度和措施建议。

7　掘进机法施工铁路隧道适宜性评价资料编制应包括岩石强度、耐磨性、岩体完整性系数等，综合评价掘进机施工适宜性和存在的地质风险。

8　工程地质平纵断面图、遥感解析、勘探及测试成果等资料。

**8.2.3** 定测及补充定测阶段资料编制内容如下：

1 工程概况：工程名称、地理位置、隧道长度及里程、工程规模等。

2 自然概况：线路通过地区的自然地理，如山脉、水系、气象、地形、地貌等自然特征及城镇、交通情况，地震动参数的区划概况等。

3 勘察概况：工作时间、方法、人员与分工、完成工作量、既有资料利用等。

4 工程地质特征：沿线地层、岩性及其分布范围，线路通过的主要地质构造及与线路的关系，各类建筑物的工程地质条件。

5 水文地质特征：含水岩组分类、地下水类型、分布特征、富水性划分，隧道水文地质条件及环境水文地质条件评价，必要时编制水文地质图件。

6 主要工程地质问题：隧道不良地质、特殊岩土的类型、性质、范围、分布规律及其对工程的影响程度和措施建议。

7 临时道路及组装场地的地质条件评价：包括临时道路不良地质条件评价，组装场地地基基础的地质条件评价。

8 掘进机施工地质评价：包括岩石强度、耐磨性、岩体完整性系数等，综合评价掘进机施工适宜性和存在的地质风险。

9 必要时编制掘进机组装场地、临时运输道路的工程地质说明，并分析评价临时道路的工程地质及不良地质条件和存在的地质风险，并提供工程措施意见和建议。

10 图件及图表：工程地质平面、纵断面图及设计所需要的相关地质剖面图。

11 基础资料：勘探及测试资料、观测点表等。

**8.2.4** 施工图阶段需要补充地质勘察时，编制补充地质勘察报告。

# 9 超前地质预报

## 9.1 一般规定

**9.1.1** 全断面岩石掘进机法铁路隧道超前地质预报可采用搭载式或非搭载式超前地质预报设备，宜优先采用自动采集的搭载式超前地质预报设备。

**条文说明**

全断面岩石掘进机法铁路隧道预报方法因其工法的特殊性预报方法选择以物探为主，在地质构造或物探异常区域地段进行超前水平钻探验证。

掘进机掘进速度快，工序衔接紧密，为适应掘进机快速施工的特点，将超前地质预报仪器搭载到掘进机上实现自动化探测是优先选择的方案。搭载式掘进机超前地质预报需在掘进机装备设计阶段统筹考虑超前地质预报仪器搭载设计方案。搭载设计要满足以下几点要求：不影响掘进机结构和强度安全；不影响掘进机正常掘进；搭载装置构件牢固可靠、性能稳定、易于维护保养；尽量满足观测系统布置的需求；能够提高探测效率；此外，局部预报手段需要对掘进机刀盘进行开孔和改装，当采用搭载式超前地质预报装备时，应提前做好超前地质预报装备的掘进机改装，并在主控室预留预报主机位置。

**9.1.2** 全断面岩石掘进机法铁路隧道超前地质预报宜结合地质勘察资料、超前地质预报数据、岩渣分析、掘进机掘进参数进行综合超前地质预报。

**9.1.3** 超前地质预报应结合隧道风险评估结论，开展方案设计及实施细则编制。

**9.1.4** 超前地质预报应纳入施工工序进行管理。

**条文说明**

考虑采用掘进机法施工隧道一般长度较长、辅助坑道设置困难，多为项目的控制性工程，在隧道风险评估中一般为高风险至极高风险隧道，考虑勘察设计单位对隧道地质条件较为熟悉，因此在实施中一般由设计单位负责实施，以规避施工中存在的地质风险；结合隧道施工特点，在编制超前地质预报施工方案中，需要统筹考虑项目安全生产费用，对占用安全生产费较高，影响后续安全生产和隧道超前地质预报实施的项目，需要建设单位组织相关单位和部门进行费用的专题研究。

**9.1.5** 超前地质预报应结合地质复杂程度、揭示地质条件，进行动态预报，及时调整预报方法。

## 9.2 预报内容

**9.2.1** 超前地质预报应包括下列内容：
1 地层、岩性、岩石抗压强度。

**条文说明**

一般而言，对岩石强度预测主要在现场工作中通过岩石点荷载强度试验进行测试，然后通过换算获取岩石的抗压强度指标，必要时采取岩样通过室内试验获取，换算公式如下：

$$R = 22.8 I_{s(50)}^{0.75} \tag{9-1}$$

式中：$R$——直径（边长）为 50cm、高径（边）比为 2.0 的岩石试样单轴抗压强度（MPa）；

$I_{s(50)}^{0.75}$——岩石基准试验点荷载抗压强度（MPa）。

2 岩性接触带、断层、节理裂隙、软弱夹层等的位置、规模及性质。
3 软、硬地层分界面位置。
4 岩溶溶洞、地下暗河的发育位置、规模、充填情况等。
5 地下水及岩溶突水、涌泥位置。
6 岩爆、软岩变形、有害气体及高温热害等隧道不良地质问题的预报。

**条文说明**

特殊条件下的地质问题包括高地应力下的岩爆、软岩变形、有害气体及高温热害，其中岩爆的预测主要采用微震监测进行探测和预报，目前不属于超前地质预报的范畴。通过超前地质预报主要进行岩体完整性、富水性的判断，并结合地质素描进行岩爆的辅助定性判断，超前地质预报工作无法达到定量化及岩爆等级预测。软岩大变形需要开展洞内监控量测进行判断。对有害气体主要开展洞内及孔内有害气体监（检）测。超前地质预报的主要目的是通过地质素描、物探、超前钻探等手段确定煤层瓦斯等有害气体的地层结构、节理裂隙发育程度，分析有害气体运移通道，辅以监测手段进行综合分析和判断。高温热害需要通过超前地质预报预测地下水体的具体位置，并辅助钻探等手段进行地下水温度监测。目前中铁第一勘察设计院集团有限公司和山东大学联合研发了"平导-钻孔"多视域地温场观测系统（图9-1），该系统通过耦合红外相机采集的隧掌子面道表面温度信息及光纤采集的孔内温度信息，可获得隧道三维方向的温度分布梯度。该系统在拉月隧道进行了应用，其数据对比见图9-2。

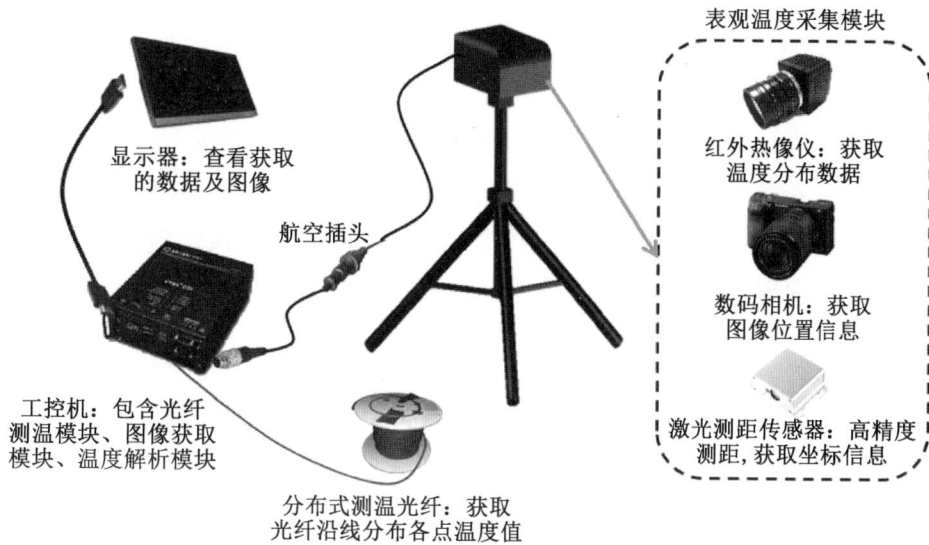

图9-1 "平导-钻孔"多视域地温场观测系统架构

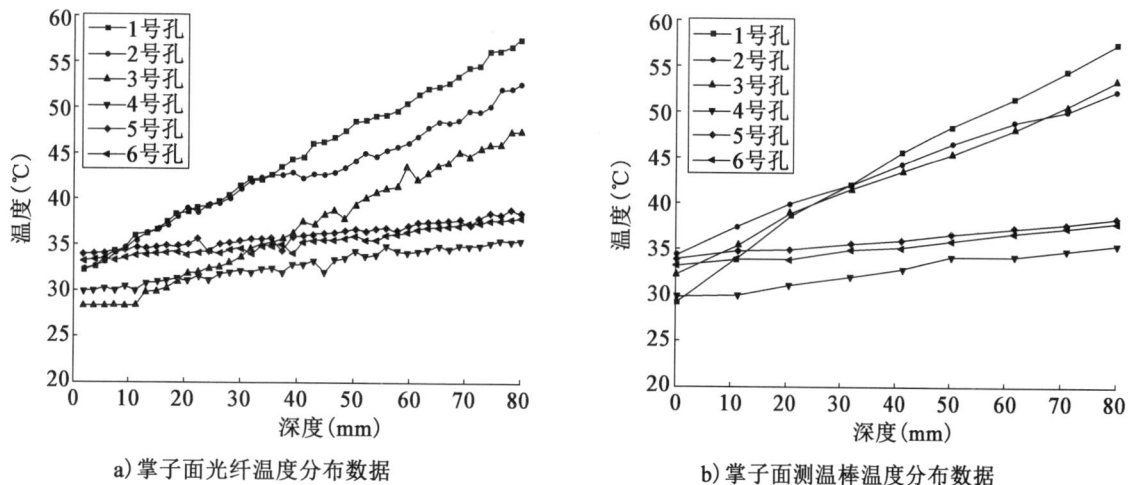

a) 掌子面光纤温度分布数据

b) 掌子面测温棒温度分布数据

图9-2 拉月隧道6号横洞掌子面钻孔分布式光纤测温与测温棒数据对比

分别利用光纤测温棒和普通测温棒对隧道掌子面6个钻孔温度进行测试，对比发现光纤测温棒记录的温度数据更加详细。

7 地下建（构）筑物的分布位置及与隧道的关系。

**9.2.2 超前地质预报设计应包括下列内容：**

1 编制依据：执行的规范、规程、各阶段审查意见及执行情况等。

2 工程概况：工程规模、施工工法及辅助工程设置情况等。

3 隧道工程地质及水文地质概况：地形地貌、地层岩性、地质构造、不良地质及特殊岩土、存在的主要工程地质问题。

4 隧道地质复杂程度分级：应结合隧道风险评估结论及地质条件进行隧道地质复杂程度分段和分级。

5　隧道工程地质问题分类：应详细介绍隧道存在的工程地质问题及施工风险。

6　施工超前地质预报目的：应详细介绍预报目的及需要预报的地质问题。

7　超前地质预报方案设计原则：包括地质素描、物探、钻探及超前导坑法设计原则，综合超前地质预报组合原则。

8　超前地质预报内容及方法：应详细介绍掘进机施工超前地质预报的主要内容、采用的预报手段、工艺要求、搭载技术方案、信息化管理要求。

9　超前地质预报工作安全措施：应详细介绍预报安全体系、应急预案等要求。

10　超前地质预报工作量及占用工作时间：详细分析超前地质预报的工作量、需要占用的工作时间。

11　编制超前地质预报概预算。

12　其他需要说明的问题。

13　超前地质预报相关图件：工程地质平面图、超前地质预报纵断面设计图等。


**9.2.3**　超前地质预报设计实施细则应包括下列内容：

1　概况：编制依据及执行的规范规程等。

2　方案设计：工程概况、地形地貌、地层结构、地质构造、水文地质、不良地质与特殊岩土、地质复杂程度分级等，超前地质预报的主要目的。

3　超前地质预报重难点及对策。

4　超前地质预报方法及工作量。

5　建设、设计、施工、监理及咨询单位的工作内容、职责。

6　超前地质预报工作流程：地质素描、物探、钻探等预报方法的实施流程及工艺要求。

7　成果资料编制内容及要求。

8　超前地质预报信息化管理：信息化管理程序、建设目标、组织构架、软硬件部署及功能要求。

9　超前地质预报组织及人员配置：组织机构、人员资质及组成、仪器设备配置、计划进度等。

10　安全及质量保障措施：安全保障及体系建设、应急预案、质量控制要点、质量保证措施、工期保证及文明施工。

11　工作制度要求：质量方针和目标、项目部人员职责、组织机构岗位职责、保密措施等。

12　其他需要说明的问题。

13　超前地质预报相关图件：工程地质平面图、超前地质预报纵断面设计图等。


## 9.3　预报方法及技术要求

**9.3.1**　掘进机法施工隧道可根据地质复杂程度选用地质调查法、弹性波法、电法、电磁法、超前钻探法、超前导坑法、掘进参数分析等一种或多种综合方法进行超前地质预报。

**条文说明**

目前，掘进机施工超前地质预报方法中，地质素描无法在掌子面进行，对于敞开式 TBM 可以在护盾后方进行侧壁地质观察，结合岩渣特征推测掌子面前方近距离地质条件，对于护盾式 TBM 则完全无法实施，只能依靠岩渣进行分析；对于弹性波反射法，传统的地震波反射法如 TSP 需要打眼装药放炮进行，实施便捷性较差，一般采用搭载式较为适宜；对于传统的电磁波法无法实施，一般采用搭载式激发极化法等方法进行探测。对设有超前平行导坑隧道的掘进机法施工，可以利用超前平行导坑了解地质情况，预测后行隧道施工地质条件。掘进机法施工的隧道，超前地质钻探的预报方式是最直接、最有效的方法，通过钻孔钻进速度和钻孔岩芯的观察，以及相关试验获取隧道开挖面前方岩石（体）的强度指标、可钻性指标、地层岩性、岩体完整程度及地下水状况等资料。

**9.3.2** 地质调查法是根据隧道已有勘察资料、地表补充地质调查资料和隧道内护盾后方侧壁和拱顶地质素描、岩渣特征等，推测开挖工作面前方地质情况的一种超前地质预报方法。

**条文说明**

目前国内外众多研究机构开发了智能化超前地质预报分析系统，其中中铁第一勘察设计院集团有限公司研发了掌子面智能识别系统，该系统可实现掌子面点云图像快速采集、岩体结构面智能识别，结合岩体抗压强度、图像识别岩体结构面产状、结构面基线等，采用国际通用的 BQ 值岩体完整性划分方法，实现岩体围岩等级的划分，并辅助实现掌子面地质风险的快速判识，同时研发了综合超前地质预报数据管理系统。

**9.3.3** 弹性波法探测手段主要用于探测断层破碎带、岩体节理密集带、岩性接触带、大型溶洞等波阻抗差异较为明显的不良地质体，其探测对象应具有可能被探测的规模。

**条文说明**

弹性波法主要有隧道地震波反射法或隧道地震波反射层析成像法、主动源地震波法。主动源地震波法主要是使用搭载于掘进机的机械震源（如液压、气动、超磁等），要求具备足够的激震能量，且操作方便、重复性好。被动源地震波法预报，主要采用掘进机刀盘滚刀破岩振动作为震源。地震波法是利用探测对象与周围介质之间的波阻抗差异性，通过观测和研究地震波传播规律，来反映探测对象地质情况的一类物探方法。地震波法是一种长距离超前地质预报方法，可用于探测围岩变化、断层破碎带、溶洞等不良地质，其探测对象应具有可被探测规模，且与周围介质间应存在明显的波阻抗差异。

　　1　弹性波法采用搭载式震源时，应具备足够的激振能量，且操作方便、重复性好。

　　2　利用掘进破岩振动作为震源时，观测系统应根据掘进机结构及现场条件布设，宜在护盾或掘进面后方围岩布置接收传感器。

**条文说明**

　　利用破岩震源的预报方法是在传统主动源方式上提出的，它是利用 TBM 掘进破岩时产生的震动作为震源，在刀盘后方安装接收传感器进行信号接收，通过数据处理过滤噪声信号，继而进行掌子面前方一定距离不良地质体的预报。当 TBM 施工受阻时，可采用地震波反射法（TSP）进行探测，但该方法需要打孔，并采用爆破震源进行能量激发，在实施过程中容易导致施工设备的损坏，一般情况下不采用。

**9.3.4**　电磁法主要用于探测隧道掌子面前方地下含水体的位置，探测地下水体应与周围介质存在明显电性差异。宜选用搭载式电磁法系统进行预报，单次预报距离不宜大于 30m，连续预报时前后两次预报范围的搭接长度应不小于 5m。

**条文说明**

　　电法主要有隧道激发极化、电阻率超前地质预报法，根据地壳中不同岩层之间、岩石和矿石之间存在的电磁性质差异，通过观测天然存在的或由人工建立的电场分布，来探测地质情况的一类物探方法。激发极化法和电阻率法可以探明隧道掘进面前方赋存的地下水等地质情况，其探测对象应具有可被探测规模，且与周围介质间存在明显的电性差异，其预报距离要满足每次预报距离宜为 30m 左右，连续预报时前后两次预报范围的搭接长度不小于 5m，对于隧道地质条件复杂时，相邻两次预报范围的搭接长度不小于 10m。

　　采用电磁法进行超前地质预报时，掘进机停机采集数据一般采取刀盘后退、收起撑靴等措施，最大程度减少掘进机对观测数据的干扰，当需要进行掘进机刀盘开工、改装及布线等要求时，应在掘进机设备设计制造中进行。

　　掘进机搭设的各类机械占据大部分可用观测空间，掘进机庞大金属引起严重电磁干扰，同时掘进机设备振动产生干扰，用于钻爆法隧道超前预报的瞬变电磁很难用于掘进机施工隧道，给掘进机法隧道超前地质预报带来很大困难，目前用于掘进机施工隧道超前地质预报的方法主要有搭载式地震波法和电磁法。

　　全断面岩石掘进机法隧道施工优先选择搭载式超前地质预报仪器，掘进机搭载式超前地质预报仪器应与掘进机集成，实现自动化数据采集，搭载设计要列入掘进机装备设计统筹考虑，需考虑掘进机类型、结构、尺寸等特点，针对性地设计仪器搭载方案，不影响掘进机正常工作和性能。适宜于掘进机施工的激发极化、地震波法超前探测技术已在吉林引松供水工程、陕西引汉济渭工程、大瑞铁路高黎贡山隧道、某高原铁路等项目进行了广泛应用。

**9.3.5** 超前钻探法。掘进机应配备或集成超前钻机以开展超前地质钻探，一般采用冲击钻，必要时采用取芯钻。开展超前水平钻探工作时，根据需要可开展孔内成像、孔内电视等工作。

**条文说明**

由于水平钻占用掘进时间长，一般在围岩软硬变化带、构造破碎带、富水带和岩溶发育区、瓦斯发育区和重大物探异常区域等施作，尤其构造破碎带、富水带、物探异常区等应在 TBM 掘进刀盘未进入破碎异常带之前施作，提前揭示异常带位置，规避刀盘进入后卡机突涌风险。

采用孔内电视可以有效探查掌子面前方及周边岩体节理裂隙发育程度、岩体完整性，在隧道内存在坍塌，变形地段可清晰反映塑性变形区域，在施工中可根据需要进行测试。图 9-3 为在西安至十堰铁路在隧道工变形坍塌补充钻探钻孔开展了孔内电视测试结果，测试结果很好地显示了隧道拱部松动裂隙和坍塌变形体位置。

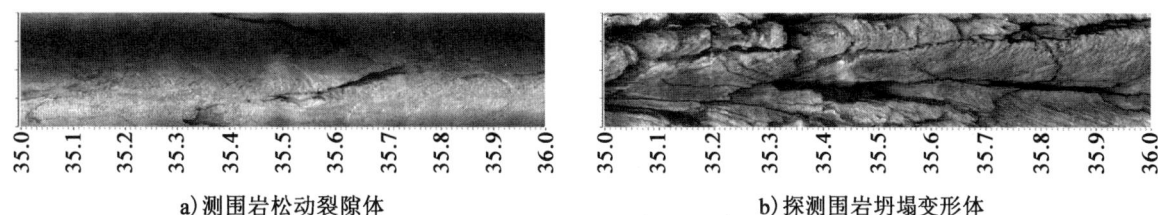

a) 测围岩松动裂隙体        b) 探测围岩坍塌变形体

图 9-3 孔内电视探揭示变形情况（单位：m）

**9.3.6** 超前导坑法。通过与正洞平行开挖的超前导洞，根据已开挖揭示地质情况结合物探、钻探等成果资料，开展后行硐室地质条件的综合推测、分析和评价。

1 可在超前导坑中采用物探或钻探法对后行硐室进行探测。

2 采用超前导坑法应根据导洞与隧道的关系绘制地质展示图，地质展示图应显示超前导坑及后行硐室的地层岩性，断层、节理密集带等的分布位置、规模、性质及物质组成，高地应力岩爆、软岩变形、岩溶、突涌水等不良地质的分布位置、等级及危害程度。

**条文说明**

线间距较小的左右线可用先行洞进行超前地质预报。复杂地质条件影响掘进机施工时可采用超前导洞开展超前地质预报。对于敞开式全断面岩石掘进机超前导坑的地质素描工作应详细调查先行硐室护盾后方侧壁及拱部的地质条件；并通过超前导坑地质调查法结合物探、钻探等成果资料，开展隧道后行硐室地质条件的综合推测、分析和评价。

## 9.4 信息管理与成果编制

**9.4.1** 施工中可用超前地质预报智能化分析系统及信息化管理平台进行成果管理和在线传输，与参建各方实现快速互动和信息实时传递。

**9.4.2** 超前地质预报成果报告应内容全面、数据翔实、图表齐全、结论明确。

**9.4.3** 超前地质预报成果应包含单项预报成果、综合预报成果、月报、年报及竣工总报告。

**9.4.4** 单项预报成果报告应包括以下内容：
1 预报段概况、预报时掘进面里程、工程地质与水文地质条件。
2 超前地质预报方法及仪器，观测系统与参数的设置、环境干扰情况等。
3 物探成果原始数据质量检查与评价。
4 预报分析成果。
5 预报结论及建议。
6 相关图件及附表。

**9.4.5** 综合预报成果报告内容宜包括：
1 综合预报段地质概况。
2 预报采用的方法及各方法预报结论。
3 综合分析预报结论、存在的地质风险及建议。
4 需要注意事项及下一步工作建议。
5 相关图件及附表。

**条文说明**

随着智能超前地质预报技术的发展，基于大数据学习的超前地质预报需要对预报原始数据进行智能学习，因此在预报过程中需要对解译过的超前地质预报格式数据进行保存，以方便进行数据学习和再处理。

**9.4.6** 月报、年报、竣工总报告应包括以下内容：
1 工程概况。
2 地质概况，包括原设计地质资料及施工开挖过程中揭示的地质情况。
3 设计预报方案和根据实际地质情况调整后的预报实施方案，现场实施和质量控制情况。
4 竣工总报告应统计各预报方法实际工作量，并与超前地质预报设计工作量进行对比，分析增减原因。

 5 预报与施工验证对比情况，包括预报的准确率统计结果。

 6 施工过程中遇到的重大工程地质问题及处理的经过、措施、效果。

 7 竣工总报告工作总结分析和建议，包括采用新技术、新设备、新方法的情况及推广应用的建议。

**9.4.7** 超前地质预报成果报告按有关规定进行归档。

# 附录 A  破碎带掘进机适应性评价表

## 表 A  破碎带掘进机适应性评价表

| 等级 | 判别条件 | | 掘进机适应性 |
|---|---|---|---|
| | 围岩特征 | 地下水 | |
| 小规模破碎带 | 破碎带宽度小（$d < 2\text{m}$），以层间错动、节理发育条带为主，围岩破碎，呈块状、碎块状，整体以原岩骨架为主 | 地下水弱发育～较发育，潮湿或点滴状出水、淋雨状或线流状出水、涌流状出水 | 卡机和突泥涌水风险低，掘进机适应性一般 |
| 中等规模破碎带 | 破碎带宽度较小（$2\text{m} \leqslant d < 15\text{m}$），节理发育，围岩破碎，呈碎块状、碎石状，砂砾、黏粒含量少 | 地下水发育～极发育，涌流状出水 | 卡机和突泥涌水风险中等，掘进机适应性较差 |
| 较大规模破碎带 | 破碎带宽度较大（$15\text{m} \leqslant d < 30\text{m}$），节理密集破碎带、侵入接触蚀变带，围岩极破碎，呈碎石状、角砾状、砾砂状，充填砾砂及黏粒，岩体胶结差，围岩松散破碎 | 地下水发育～极发育，涌流状出水 | 卡机和突泥涌水风险高，掘进机适应性差 |
| 大规模破碎带 | 破碎带宽度大（$d \geqslant 30\text{m}$），构造破碎蚀变带，围岩极破碎，呈角砾状、砾砂状，岩体砂砾、黏土含量高 | 高压富水 | 卡机和突泥涌水风险极高，不适宜采用掘进机法 |

# 附录 B 软岩大变形段掘进机适应性评价表

**表 B 软岩大变形段掘进机适应性评价表**

| 等级 | 判别条件 | | | | 掘进机适应性 |
|---|---|---|---|---|---|
| | $\sigma_{max}$（MPa） | $R_{cm}/\sigma_{max}$ | $\varepsilon$ | 围岩变形特征 | |
| 轻微变形 | $\sigma_{max} \geq 10$ | $0.25 < R_m/\sigma_{max} \leq 0.5$ | $1\% \leq \varepsilon < 2.5\%$ | 开挖后围岩局部收敛变形，持续时间较短；支护开裂或破损较严重，喷射混凝土开裂，钢拱架局部与喷层脱离，围岩自稳时间短，以塑流型、弯曲型、滑移型变形模式为主，兼有剪切型变形 | 卡机风险低，掘进机适应性一般 |
| 中等变形 | | $0.15 < R_m/\sigma_{max} \leq 0.25$ | $2.5\% \leq \varepsilon < 5\%$ | 开挖后围岩局部收敛变形，持续时间长；支护开裂或破损严重，喷射混凝土严重开裂，钢拱架局部变形，锚杆垫板变形，洞底有隆起现象，围岩自稳时间很短，以塑流型、弯曲型变形模式为主 | 卡机风险中等，掘进机适应性差 |
| 强烈变形 | | $0.05 < R_m/\sigma_{max} \leq 0.15$ | $5\% \leq \varepsilon < 10\%$ | 开挖后围岩有剥离现象，围岩位移很大，持续时间很长；支护开裂或破损很严重，喷射混凝土大面积严重开裂，钢拱架变形扭曲严重，甚至折断，锚杆拉断，洞底有明显隆起现象，流变特征很明显，围岩自稳时间很短，以塑流型为主 | 卡机风险高，不适宜采用掘进机法 |
| 极强烈变形 | | $R_m/\sigma_{max} \leq 0.05$ | $\varepsilon \geq 10\%$ | 开挖后围岩剥离现象明显，围岩位移极大，持续时间很长；支护开裂或破损极严重，喷射混凝土大面积严重开裂，钢拱架变形扭曲极严重，甚至折断，锚杆拉断，洞底显著隆起，流变特征非常明显，围岩自稳时间很短，以塑流型为主 | 卡机风险极高，不适宜采用掘进机法 |

注：1. 软岩大变形段掘进机适应性分级采用岩体最大初始地应力 $\sigma_{max}$、岩体强度应力比 $R_m/\sigma_{max}$ 和围岩相对变形量 $\varepsilon$ 确定，其中，岩体强度应力比 $R_m/\sigma_{max}$ 定义为岩体天然抗压强度 $R_m$ 和岩体最大初始地应力 $\sigma_{max}$ 的比值，围岩相对变形量 $\varepsilon$ 定义为围岩变形量与隧道当量半径的比值。

2. Ⅲ级围岩不考虑大变形。当岩体最大初始地应力在 8~10 MPa 之间，按岩体强度应力比判定存在大变形时，将大变形等级降低一级进行判定。Ⅳ级围岩不考虑严重和极严重变形，当预判为严重或极严重变形时，按中等变形处理。

3. 在勘察阶段主要以岩体最大初始地应力和岩体强度应力比作为分级标准，在施工阶段主要以围岩相对变形量和围岩变形特征作为分级标准。

# 附录 C  岩爆段掘进机适应性评价表

## 表 C  岩爆段掘进机适应性评价表

| 等级 | $\sigma_{max}$（MPa） | $R_c/\sigma_{max}$ | 声响特征 | 围岩破裂特征 | 爆坑最大深度 h（m） | 支护破坏程度 | 掘进机适应性 |
|---|---|---|---|---|---|---|---|
| 轻微岩爆 | $20 \leq \sigma_{max} \leq 60$ | $3 < R_c/\sigma_{max} \leq 4$ | 无明显声响或微弱，有噼啪、撕裂声响，无机械噪声，人时人耳偶然可听见 | 围岩表层有爆裂脱落、剥离现象，以薄片状或片状岩片为主，断口新鲜，厚度小于5cm；未剥离岩片发生轻微鼓胀，一般无弹射现象，区段内可成片连续发育 | 小于0.3 | 初期支护喷射混凝土局部隆起，产生少量裂纹，开裂变形持续时间较长，锚杆（砂浆锚杆或水涨式锚杆）轴力缓慢增加 | 卡机和安全风险低，掘进机适应性一般 |
| 中等岩爆 | | $2 < R_c/\sigma_{max} \leq 3$ | 有清脆的似子弹射击声或雷管爆破的爆裂声，人耳常可听到围岩岩石的撕裂声 | 围岩爆裂脱落现象较严重，以片状和碎块状为主，断口新鲜，厚度一般在5～20cm之间；完整岩体内爆坑呈"V"字形或碗状，有少量弹射，有轻度内震感，破坏多发生在开挖断面的局部区域，区段内可连续发育 | 0.3～1.0 | 初期支护喷射混凝土和挂网脱落，破坏区内可见有锚杆悬于岩壁，杆体无或存在小量弯曲变形现象 | 卡机和安全风险中等，掘进机适应性差 |
| 强烈岩爆 | $30 \leq \sigma_{max} \leq 80$ | $1 < R_c/\sigma_{max} \leq 2$ | 有似炸药爆破的爆裂声，声响强烈 | 围岩大片爆裂脱落，抛射现象，厚度一般在20～40cm，完整岩体内爆坑呈"V"字形，可揭露结构面或以结构面较大范围内破坏边界，破坏多发生在开挖断面，区段内一般不连续发育，同一破坏位置可发生多次破坏，伴有岩粉喷射强烈，有较强的震动发生，快速充满开挖空间；岩块较大，断口新鲜 | 1.0～3.0 | 初期支护或系统支护喷射混凝土和挂网大面积垮落或爆裂破坏，破坏区内可见大部分锚杆被拉出或拉断，有部分锚杆悬于岩壁，杆体常有严重弯曲和变形；有钢拱架或钢筋拱肋支护时，拱架有较大变形，局部接合点断裂 | 卡机和安全风险高，适应性极差 |

表 C（续）

| 等级 | 判别条件 | | | | | | 掘进机适应性 |
|---|---|---|---|---|---|---|---|
| | $\sigma_{max}$（MPa） | $R_c/\sigma_{max}$ | 声响特征 | 围岩破裂特征 | 爆坑最大深度 $h$（m） | 支护破坏程度 | |
| 极强岩爆 | $\sigma_{max} \geq 60$ | $R/\sigma_{max} \leq 1$ | 有低沉的似炮弹爆炸声或闷雷声，声响剧烈 | 围岩大面积爆裂垮落，岩块瞬间涌入开挖空间，甚至封闭开挖断面，岩粉喷射瞬间充满开挖空间；岩块块度分选差，大块体与小岩片混杂；破坏区形态复杂，甚至开挖区段内均发生片破坏，破坏区连成一体，可揭露结构面或结构面为破坏断面，破坏波及整个开挖断面，发生频次较低 | 大于 3.0 | 系统支护喷射混凝土和挂网大面积垮落或爆裂破坏严重；破坏区内支护大部分被破坏，失去支护能力，甚至被爆落岩块掩埋 | 卡机和安全风险极高，不适宜采用掘进机 |

注:1. 岩爆判别适用于完整～较完整的硬、极硬岩体，且无地下水活动的地段。

2. 当判别级别不同且仅差一级时，选用较高级别的判定。

3. 在勘察阶段主要以岩体最大初始地应力 $\sigma_{max}$ 和围岩强度应力比 $R/\sigma_{max}$（$R$ 为岩石单轴抗压强度）作为分级标准，在施工阶段主要以现场岩爆发生时的声响特征、围岩破裂特征、爆坑最大深度和支护破坏程度、微震监测结果等作为分级标准。

# 附录 D　岩溶段掘进机适应性评价表

**表 D　岩溶段掘进机适应性评价表**

| 等级 | 判别条件 | | | 掘进机适应性 |
|---|---|---|---|---|
| | 岩溶形态 | 连通性 | 地下水 | |
| 岩溶微弱发育 | 以裂隙岩溶或溶孔为主 | 裂隙不连通 | 裂隙透水性差 | 卡机和突涌水风险低，掘进机适应性一般 |
| 岩溶弱发育 | 沿裂隙、层面溶蚀扩大为岩溶化裂隙或小型洞穴 | 裂隙连通性差 | 少见集中径流，常有裂隙水流 | 卡机和突涌水风险较低，掘进机适应性差 |
| 岩溶中等发育 | 沿断层、层面、不整合面等有明显溶蚀，中小型串球状洞穴发育 | 地下洞穴系统未形成 | 有小型暗河或集中径流 | 卡机和突涌水风险高，不适宜采用掘进机法 |
| 岩溶强烈发育 | 以大型暗河、廊道、较大规模溶洞、竖井和落水洞为主 | 地下洞穴系统基本形成 | 有大型暗河、伏流、泉眼 | 卡机和突涌水风险极高，不适宜采用掘进机法 |

# 附录 E  突涌水段掘进机适应性评价表

**表 E  突涌水段掘进机适应性评价表**

| 突涌水等级 | 判别条件 | 掘进机适应性 |
|---|---|---|
| 特大型突涌水 | 涌水量 >1000m³/h，突泥，高水压 | 不宜采用掘进机法 |
| 较大型突涌水 | 涌水量 500～1000m³/h，突泥 | 不宜采用掘进机法 |
| 中型涌水 | 涌水量 100～500m³/h，涌泥 | 掘进机适应性差 |
| 小型涌水 | 涌水量 <100m³/h，涌突水可能性极小 | 掘进机适应性一般 |

# 附录 F  掘进机工作条件分级表

**表 F  掘进机工作条件分级表**

| 围岩基本分级 | 分级评判主要因素 | | | 掘进机工作条件分级 | |
|---|---|---|---|---|---|
| | 岩石单轴饱和抗压强度 $R_c$（MPa） | 岩体完整性指数 $K_v$ | 岩石磨蚀性 CAI（1/10mm） | 敞开式 TBM | 护盾式 TBM |
| I | 60～100 | >0.75 | <4 | I$_A$ | I$_A$ |
| | | | ≥4 | I$_B$ | I$_B$ |
| | 100～150 | | <4 | I$_B$ | I$_B$ |
| | | | ≥4 | I$_C$ | I$_C$ |
| | ≥150 | | — | | |
| II | 60～100 | 0.55～0.75 | — | II$_A$ | II$_A$ |
| | 100～150 | 0.55～0.75 | <4 | II$_A$ | II$_A$ |
| | | | ≥4 | II$_B$ | II$_B$ |
| | ≥150 | | — | II$_C$ | II$_C$ |
| III | 15～30 | >0.75 | — | III$_A$ | III$_A$ |
| | 30～60 | 0.55～0.75 | — | III$_A$ | III$_A$ |
| | 60～100 | 0.35～0.55 | <4 | III$_A$ | III$_A$ |
| | | | ≥4 | III$_B$ | III$_B$ |
| IV | 15～30 | 0.35～0.55 | — | IV$_B$ | IV$_A$ |
| | | 0.55～0.75 | — | IV$_A$ | |
| | 30～60 | 0.15～0.35 | — | IV$_B$ | |
| | | 0.35～0.55 | — | IV$_A$ | |
| | 60～100 | 0.15～0.35 | — | IV$_B$ | IV$_A$ |
| V | 15～30 | 0.15～0.35 | — | 不宜直接使用 | V$_C$ |
| | | 0.35～0.55 | — | V$_C$ | V$_C$ |
| | <15 | <0.15 | — | 不宜直接使用 | 不宜直接使用 |

注：掘进机工作条件分级均应满足上述三项评判因素。隧道围岩掘进机工作条件的等级说明：以 II$_A$ 为例，表示掘进机工作条件好的 II 级围岩。

# 附录 G　全断面岩石掘进机地质素描记录卡片

**表 G　全断面岩石掘进机地质素描记录卡片**

_____铁路_____标_____隧道

里　　程：_____　　地质预报单位：_____

施工单位：_____　　报　告　编　号：_____

| 编号 | 项目 | | 状态描述 | | | | |
|---|---|---|---|---|---|---|---|
| 1 | 掌子面尺寸 | | 开挖宽度（m） | 开挖高度（m） | 开挖面积（m²） | 开挖方式 | 其他 |
| 2 | 掌子面状态 | | 稳定□ | 正面掉块□ | 正面挤出□ | 正面不能自稳□ | 其他□ |
| 3 | 毛开挖面状态 | | 自稳□ | 随时间松弛、掉块□ | 自稳困难、要及时支护□ | 要超前支护□ | 其他□ |
| 4 | 岩石强度(MPa) | | $R>60$□ | $30<R\leqslant60$□ | $15<R\leqslant30$□ | $5<R\leqslant15$□　$R\leqslant5$□ | 其他□ |
| 5 | 风化程度 | | 未风化□ | 微风化□ | 弱风化□ | 强风化□　全风化□ | 其他□ |
| 6 | 地质结构面 | 节理组数 | J1 | J2 | J3 | J4 | |
| | | 节理间距 | | | | | |
| | | 延伸性 | | | | | |
| | | 粗糙度 | | | | | |
| | | 张开度 | | | | | |
| 7 | 涌水状态（L/min·10m） | | <10 无水□ | <10 湿润□ | 10~25 偶有渗水□ | 25~125 涌出或喷出□ | 其他□ |
| 8 | 岩溶发育程度 | | 无□ | 弱□ | 中等□ | 强烈□ | |
| 9 | 设计围岩级别 | | | 建议围岩级别 | | | |
| 地质描述 | | | | | | | |
| 示意图 | | | | | | | |

调绘：　　　　　　复核：　　　　　　审核：　　　　　　日期：　年　月　日

# 本规程用词说明

1 为便于在执行本规程条文时区别对待，对要求严格程度不同的用词说明如下：

1）表示很严格，非这样做不可的：

正面词采用"必须"，反面词采用"严禁"。

2）表示严格，在正常情况下均应这样做的：

正面词采用"应"，反面词采用"不应"或"不得"。

3）表示允许稍有选择，在条件许可时首先应这样做的：

正面词采用"宜"，反面词采用"不宜"。

4）表示有选择，在一定条件下可以这样做的用词，采用"可"。

2 条文中指明应按其他有关标准、规范执行的写法为"可按……执行"或"应符合……的规定"或"应按……执行"。

# 引用标准名录

1　《铁路工程地质勘察规范》（TB 10012）
2　《铁路工程水文地质勘察规范》（TB 10049）
3　《铁路工程不良地质勘察规程》（TB 10027）
4　《铁路工程岩石试验规程》（TB 10115）
5　《铁路工程地质钻探规程》（TB 10014）
6　《岩石隧道掘进机法技术规程》（T/CSPSTC 54）
7　《铁路工程物理勘探规范》（TB 10013）
8　《铁路瓦斯隧道技术规范》（TB 10120）
9　《隧道全断面岩石掘进机施工超前地质预报技术规程》（T/CGS 001）

# 涉及专利和专有技术名录

1 国家专利

[1] 中国铁建港航局集团有限公司．护筒螺旋取土器：中国，200920057747.5 [P]．2010-03-31.

[2] 中铁第一勘察设计院集团有限公司．一种全断面隧道掘进机的数据管理系统：中国，202111074694. X [P]．2013-09-14.

[3] 中铁第一勘察设计院集团有限公司．一种用于隧道掘进机始发及接收的结构体系：中国，201520590599.9 [P]．2015-08-07.

[4] 中铁第一勘察设计院集团有限公司．一种盾构或 TBM 法隧道的多道防水管片结构：中国，201620090959.3 [P]．2016-01-29.

[5] 中铁第一勘察设计院集团有限公司．一种铁道工程真实场景模型协同设计平台的构建方法：中国，201310702129.2 [P]．2013-12-19.

[6] 中铁第一勘察设计院集团有限公司．基于天空地勘察技术的复杂山区长大深埋隧道勘察方法：中国，111927552B，2022-5-17.

[7] 中铁十八局集团有限公司．一种 TBM 超前帷幕注浆工艺：中国，202210256791.9 [P]．2022-6-14.

[8] 中铁十八局集团有限公司．一种敞开式 TBM 前置式超前管棚施工方法：中国，201110710340.3 [P]．2023-3-24.

[9] 中铁十八局集团隧道工程有限公司．一种 TBM 超前钻机安装机构：中国，202221254167.7 [P]．2022-8-9.

[10] 中铁十八局集团有限公司．一种反坡 TBM 隧道应急排水施工用阶梯挡水坝：中国，202121993916.3 [P]．2022-3-25.

[11] 石家庄铁道大学，中铁十九局集团有限公司．小直径敞开式 TBM 无轨后配套台车跨越拱架的方法：中国，201310329446.4 [P]．2016-1-27.

[12] 石家庄铁道大学，中铁十九局集团有限公司．敞开式 TBM 直接侧卸料混凝土喷射系统：中国，201310356949.0 [P]．2016-12-28.

[13] 中铁十九局集团有限公司．大连理工大学．一种 TBM 顶护盾导向座设计方法：中国，202111511291.7 [P]．2023-6-16.

[14] 中铁十九局集团有限公司，大连理工大学．一种 TBM 多功能拼装机：中国，202111465666.0 [P]．2023-6-20.

[15] 中铁十九局集团有限公司．一种单护盾 TBM 卡机脱困施工方法：中国，202011412948. X [P]．2023-9-29.

[16] 中国科学院地理科学与资源研究所，中铁十九局集团．一种用于隧道超前地质预报的气锤震源：中国，202020677518. X [P]．2020-10-13.

［17］中国科学院地理科学与资源研究所，中铁十九局集团有限公司．用于 TBM 隧道超前地质预报的轨道运输工具车：中国，202020707990.3［P］．2020-12-4.

［18］中铁十九局集团有限公司．一种 TBM 主梁上超前管棚钻机行走的环形轨道：中国，202022890529.9［P］．2021-8-3.

［19］中铁十九局集团有限公司．一种 TBM 用的刀盘喷水装置：中国，202022862950.9［P］．2021-8-3.

［20］中铁十九局集团有限公司．皮带机返程皮带泥浆清理装置：中国，202022886409.1［P］．2021-8-17.

［21］中铁十九局集团有限公司．一种可拆卸的 TBM 轨道、轨枕运输小车：中国，202022866181.X［P］．2021-10-15.

［22］中铁十九局集团有限公司．TBM 施工有轨运输平轨枕预制块：中国，202022913786.X［P］．2022-1-28.

［23］中铁十九局集团有限公司．一种 TBM 隧道内的有轨运输车：中国，202221548840.8［P］．2023-1-13.

［24］中铁十九局集团有限公司．一种护盾式 TBM 前盾稳定装置：中国，202221588604.9［P］．2023-1-13.

［25］中铁十九局集团有限公司．一种敞开式 TBM 主梁导轨清扫装置：中国，202221589460.9［P］．2023-1-13.

［26］中铁十九局集团有限公司．TBM 隧道圆形钢拱架量测装置：中国，202320935049.0［P］．2023-9-29.

［27］中铁十九局集团有限公司．一种长距离 TBM 隧洞收风筒结构平台：中国，202321160552.X［P］．2023-12-1.

［28］中铁十九局集团有限公司．一种 TBM 上可切换使用的刀盘喷水和刀盘喷泡沫系统：中国，202321444615.4［P］．2023-12-5.

［29］中铁十九局集团有限公司．一种用于 TBM 施工测量全站仪托架：中国，202320940820.3［P］．2023-12-5.

本文件的发布机构提请注意，声明符合本文件时，可能涉及相关专利的使用。

本文件的发布机构对于该专利的真实性、有效性和范围无任何立场。

该专利持有人已向本文件的发布机构保证，他愿意同任何申请人在合理且无歧视的条款和条件下，就专利授权许可进行谈判。

请注意除上述专利外，本文件的某些内容仍可能涉及专利。本文件的发布机构不承担识别这些专利的责任。

2 工法

［1］中铁十八局集团有限公司，中铁十八局集团隧道工程有限公司．DSUC 型双护盾 TBM 施工工法［Z］．北京：中国公路建设行业协会，2020.

［2］中铁十八局集团隧道工程有限公司．敞开式 TBM 不良地质洞段管棚施工工法［Z］．重庆：重庆市住房和城乡建设委员会，2021.

［3］中铁十八局集团有限公司．DSIS 新型敞开式 TBM 施工工法［Z］．北京：中国

水利工程协会，2022.

［4］中铁十九局集团有限公司．敞开式隧道掘进机 TBM 通过软弱围岩及蚀变带围岩的施工工法［Z］．辽宁：辽宁省住房和城乡建设厅，2011.

［5］中铁十九局集团有限公司．一洞双机皮带机出渣施工工法［Z］．北京：中国公路建设行业协会，2020.

［6］中铁十九局集团有限公司．隧道软岩段 TBM 卡机"管棚注浆＋导洞侧挖"综合处理施工工法［Z］．北京：中国水利工程协会，2021.

［7］中铁十九局集团有限公司．敞开式＋单护盾双模式 TBM 施工工法［Z］．北京：中国水利工程协会，2022.

［8］中铁十九局集团有限公司．高强硬岩 TBM 大纵坡支洞出洞施工工法［Z］．北京：中国水利工程协会，2023.

［9］中铁十九局集团有限公司．高强硬岩输水隧洞超长距离 TBM 高效掘进施工工法［Z］．北京：中国水利工程协会，2023.

［10］中铁十九局集团有限公司．TBM 小外插角超前快速钻注支护施工工法［Z］．北京：中国公路建设行业协会，2023.

［11］中铁十九局集团有限公司．承压水段 TBM 卡机处治施工工法［Z］．北京：中国水利工程协会，2023.

［12］中铁十九局集团有限公司．TBM 辅助洞室膨胀泥岩大变形洞段综合处治施工工法［Z］．北京：中国水利工程协会，2023.

［13］中铁十九局集团有限公司．TBM 辅助洞室膨胀泥岩大变形洞段综合处治施工工法［Z］．北京：中国公路建设行业协会，2023.